考虑消费者策略购买行为的
创新产品定价

杜　鹏　许　垒　陈秋双　著

科学出版社

北京

内 容 简 介

结合行为运作管理这一研究热点，本书在考虑消费者策略购买行为的基础上研究不同情形下的创新产品定价问题。本书主要研究在面向策略型消费者时，不存在产能限制和存在产能限制条件下垄断企业对创新产品的定价，以及创新企业与模仿企业的定价竞争；此外，还研究企业折现因子和消费者策略购买行为对新产品定价策略（撇脂定价策略、渗透定价策略）选择的影响。特别地，考察创新产品市场需求信息的价值是本书的特色之一。

本书可供运营管理、市场营销、工商管理等专业的硕士研究生、博士研究生及相关领域的学者和从业者阅读。

图书在版编目（CIP）数据

考虑消费者策略购买行为的创新产品定价/杜鹏，许垒，陈秋双著. —北京：科学出版社，2015

ISBN 978-7-03-046658-7

Ⅰ．①考… Ⅱ．①杜… ②许… ③陈… Ⅲ．①企业定价 Ⅳ．①F274

中国版本图书馆 CIP 数据核字（2015）第 302299 号

责任编辑：徐　倩 / 责任校对：杜子昂
责任印制：霍　兵 / 封面设计：无极书装

科 学 出 版 社 出版

北京东黄城根北街 16 号
邮政编码：100717
http://www.sciencep.com

三河市骏圭印刷有限公司　印刷
科学出版社发行　各地新华书店经销

*

2015 年 12 月第 一 版　开本：720×1000　1/16
2015 年 12 月第一次印刷　印张：8 1/4
字数：170 000

定价：52.00 元

（如有印装质量问题，我社负责调换）

前　　言

当今世界经济飞速发展、科技创新层出不穷，越来越多的新产品涌入市场，极大地满足了人们物质文化生活的需要。然而，在这繁荣景象的背后我们不应忽视一个严重的问题：很大一部分新产品在市场上并没有取得成功，甚至连投入的研发成本都未能收回，给企业带来巨大的损失。究其原因，除了新产品自身存在的设计问题外，定价等营销策略决策的失误也是新产品推广失败的重要原因。由于缺乏销售历史数据和销售经验，企业在将新产品推向市场时无法掌握具体的市场需求信息，也难以做出准确的需求预测，如果要获得准确的市场需求信息就必须进行大规模的市场调查活动，这势必会带来巨大的成本。种种因素使得新产品定价决策成为一项巨大挑战。与此同时，随着企业界运作和营销模式的变化，产品市场出现了一些新的特征，如产品创新周期缩短、新产品频繁上市、动态定价策略得到广泛应用。这些特征使得越来越多的消费者变得更加理性，在进行购买决策时往往会考虑未来的购买机会可能带来的效用，从而更有策略性地做出购买计划。这必然会增加企业定价决策的复杂性。消费者的策略购买行为会对企业创新产品的定价等决策产生怎样的影响？模仿企业进入市场会对创新企业产生怎样的影响？市场需求信息具有怎样的价值？如果创新企业采取措施获得了准确的需求信息又会对模仿企业产生怎样的影响？通过回答这些问题，本书旨在为身处新的市场环境中通过创新谋求发展的企业提供决策支持。

基于上述初衷，本书在垄断情形下考察了面向策略型消费者时企业的创新产品定价和生产能力决策，在竞争情形下考察了企业的创新产品定价和产品差异化程度决策。在两种情形下，本书均考察了创新产品需求强度信息的价值。此外，本书还分析了企业折现因子和消费者策略购买行为怎样影响企业对撇脂定价和渗透定价的选择。当然，本书还关注了其他一些相关问题，得到了一些有趣的结论，在此不一一详述。

科学出版社的各位编辑为本书的出版提供了巨大的帮助，在此深表感谢。

由于作者水平有限，加之时间紧迫，书中不可避免地存在一些不尽如人意之处，恳请各位读者不吝赐教。

作　者

2015 年 8 月

目　　录

第1章　绪论 ·· 1

1.1　创新产品定价之殇 ·· 1

1.2　"魔鬼消费者"与创新产品定价 ······································ 4

1.3　本书的研究内容 ·· 5

第2章　新产品定价与消费者策略购买行为的理论评述 ···················· 10

2.1　新产品定价 ·· 10

2.2　消费者的策略购买行为 ·· 16

第3章　策略型消费者与创新产品定价 ·································· 22

3.1　问题提出 ·· 22

3.2　问题描述与基本模型 ·· 22

3.3　不存在产能限制的垄断企业对创新产品的定价 ···················· 24

3.4　需求强度信息的价值 ·· 30

3.5　算例分析 ·· 32

本章小结 ·· 37

第4章　考虑生产能力限制的创新产品定价 ······························ 38

4.1　问题提出 ·· 38

4.2　问题描述 ·· 38

4.3　存在产能限制的垄断企业对创新产品的定价 ······················ 39

4.4　需求强度信息的价值 ·· 52

4.5　算例分析 ·· 57

本章小结 ·· 60

第5章　产品创新者与模仿者的定价竞争 ································ 62

5.1　问题提出 ·· 62

5.2　问题描述及数学模型 ·· 63

5.3　创新企业与模仿企业的定价竞争 ·································· 65

5.4　需求强度信息的价值 ·· 77

5.5　算例分析 ·· 82

本章小结 ·· 92

第6章　创新产品定价策略的选择 ······································ 94

6.1　问题提出 ·· 94

6.2 问题描述 ·· 94

6.3 模型分析 ·· 96

6.4 确定性情形及需求信息的价值 ················ 99

6.5 算例分析 ·· 103

本章小结 ·· 112

第7章 总结与展望 ·· 113

7.1 全书总结 ·· 113

7.2 未来研究展望 ··· 115

参考文献 ·· 117

第1章 绪　　论

1.1　创新产品定价之殇

经济学家熊彼特认为，创新是经济发展的内在动力[1]。世界近代以来以生产技术与方法重大创新为划分标志的经济发展周期为这一观点提供了有力的佐证。鉴于创新对国家经济发展和社会进步的重要作用，世界各国都在采取各种措施，加大激励科技创新的力度，而能够将创新成果直接转化为经济效益与社会效益的企业创新更是得到了各国政府的高度重视与政策保障。美国政府于2011年2月发布了《美国创新战略——确保经济的增长与繁荣》，指出私营企业是科技创新的主体和核心驱动力，并计划永久性地减免"研究与实验税"。预计这将在10年内减免1000亿美元的税收，从而激励企业持续创新。英国政府在2011年12月出台了《以增长为目标的创新与研究战略》，其中就包括"支持企业研究和创新的政策，为企业营造良好的创新环境，鼓励各种形式的创新"。在亚洲，日本于2013年1月公布了一项1500亿日元的贷款计划，用来鼓励企业开发新技术。我国自2006年起开始实施《国家中长期科学和技术发展规划纲要（2006—2020年）》，从税收、金融、创业投资、政府采购等方面为企业创新提供政策支持，计划"到2015年，基本形成以企业为主体、市场为导向、产学研相结合的技术创新体系"。

从企业的角度来看，创新可以从诸多方面促进企业的健康发展。新产品的研发上市能够为企业开拓新市场、赢得发展机遇；采用新的生产技术能够降低生产成本、提高生产效率，增强企业在市场上的竞争力；提倡创新的企业文化能够为企业提供保持可持续发展的动力。事实上，许多优秀的企业都将创新视为最重要的发展战略之一，并为之投入巨大的财力和精力。英特尔在2011年的研发投资为83.5亿美元，2012年这一数据为101.48亿美元，2013年则为106.11亿美元，分别占当年净利润的15.4%，19%和20.1%；华为在2004~2013年累计投入1539亿元人民币用于研发创新；IBM于2000年分别与北京大学、清华大学联合成立了创新研究院，围绕企业管理、信息技术等领域的前沿问题进行创新研究。

政府和企业的高度重视推动了企业创新的迅速发展，最直接的体现就是市场上创新产品的大量涌现和产品创新周期的明显缩短。然而在企业创新热情高涨和新产品涌现的繁荣局面背后存在着一个令人无法忽视的事实：上市的很大一部分新产品无法达到企业的期望，没有在市场上取得成功，有些新产品的失败甚至影响了企业的生存和发展。罗兰·贝格国际管理咨询公司（Roland Berger Strategy Consultants）对顶级制造企业超过 400 个产品开发项目的调查资料显示，在多个产业中高达 60%的上市新产品是失败的。而在产品开发与管理协会（Product Development and Management Association）分别于 1990 年、1995 年、2004 年和 2012 年进行的新产品开发实践调查中，新产品上市的失败率都在 40%左右[2]。

不可否认，很多新产品上市失败是由于产品开发过程管理及产品自身设计和功能等方面存在缺陷，然而新产品推广营销过程中出现的问题也是导致其失败的重要原因。特别地，作为市场营销组合（marketing mix）中唯一可以带来收益的元素，定价对于新产品上市的成败具有重大的影响。合理的定价可以帮助产品供应商实现利润率与销售额之间的平衡，从而达到预期的目标（利润、市场份额等）。而定价失误则会带来产品滞销或产品利润率过低等后果。在面向荷兰消费类电子产业 28 位产品或营销管理者的调查中，Hultink 和 Schoormans 发现定价被认为是影响新产品上市成功最关键的营销策略[3]。AMR Research 在 2006 年[4]和 2008 年[5]的调查报告也表明，定价失误是业内人士公认的导致新产品失败的主要原因之一（图 1.1 和图 1.2）。此外，由于产品定价受到成本、财务、市场等多方面因素的影响，许多企业都成立了由多个部门高级主管组成的定价委员会[6]（Pricing Committee），其基本职能之一就是制定和管理新产品的价格。事实上，尽管一直受到管理者的高度重视，但由于新产品市场需求强度的高度不确定性及上市后可能出现的竞争压力，定价仍然被视为新产品上市推广过程中最具挑战性的决策问题之一。一方面，新产品的定价策略难以确定。在实际操作过程中，经常采用的新产品定价策略为撇脂定价（skim pricing）和渗透定价（penetration pricing）。概括地说，撇脂定价是指以相对较高的价格将新产品引入市场，并在一段时间后降低价格。渗透定价是指新产品以较低的价格进入市场，以期在短期内实现产品大量销售。一般认为，在新产品上市后短期内不会面临巨大市场竞争的情况下适合采用撇脂定价，否则应该采用渗透定价。然而，在确定新产品定价策略时还有许多其他的因素需要考虑，很难简单地界定适合采用某种定价策略的情景。在上文中提到的 Hultink 和 Schoormans 的调查中，面对同样的情景时，半数的专业管理者选择了撇脂定价，其他的专业管理者则选择了渗透定价[3]。另一方面，在定价策略确定后，诸多因素的影响使得产品具体价格的确定同样成为一个复杂的问题。而近年来产品和市场呈现出的一些新特征对新产品定价的影响尤为明显：产品方面表现为近年来创新周期和产品生命周期逐渐缩短，消费市场方面则体现在市场规模和消费者行为等方面的变化。综上可以看出，新产品定价在现阶段仍然是值得研究的课题。特别地，消费者的策略购买行为对新产品定价的影响尤为值得关注。

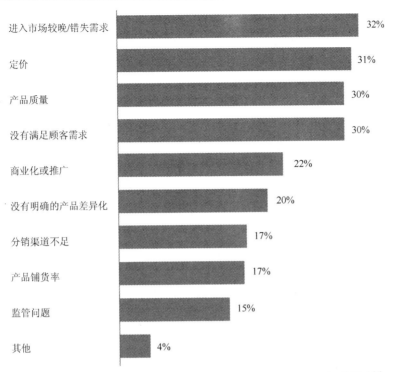

图 1.1　新产品失败的主要原因——来自 AMR Research 2006 年的调查[4]

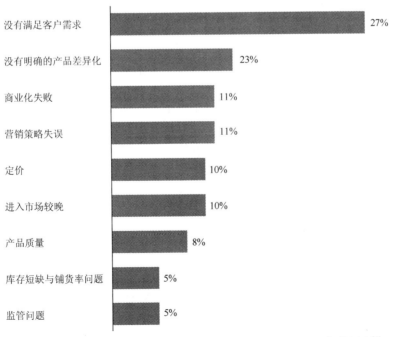

图 1.2　新产品失败的主要原因——来自 AMR Research 2008 年的调查[5]

1.2 "魔鬼消费者"与创新产品定价

在业界，百思买（Best Buy）前 CEO Brad Anderson 将短视型消费者（myopic consumer）称为"天使"，而将策略型消费者（strategic consumer）称为"魔鬼"。可见企业对于策略型消费者的"痛恨"。那么，什么样的消费者可以称为策略型消费者呢？简单地说，具有策略购买行为的消费者被称为策略型消费者。而消费者的策略购买行为则是指消费者在作购买决策时不仅考虑产品或服务当前的价格，而且考虑未来的价格及未来能够得到该产品或服务的可能性（由于库存或其他限制，产品或服务在未来可能发生短缺），据此选择购买时机及产品来源，从而使效用最大化的行为。在传统的模型中，一般假设消费者是短视的。Talluri 和 van Ryzin 将短视型消费者定义为那些只要产品价格不高于自己的支付意愿（willingness to pay）就会做出购买行为的消费者[7]。一般情况下，由于消费者对产品评价存在差异，为了获取更多的消费者剩余（consumer surplus），产品供应商就有动机划分市场区间（market segment）并动态地调整产品价格（如采用撇脂定价）。在面向短视型消费者时，企业不需要考虑消费者的跨期选择行为，只需将消费者的行为视为外生的因素；然而当市场中存在足够多的策略型消费者时，再将消费者行为看成外生因素就不再恰当了。这是因为当企业采用针对短视型消费者的最优定价时，策略型消费者有可能选择价格较低的时机做出购买行为，这必然会对企业的利润造成影响。一般情况下，消费者的策略购买行为会降低企业的利润，这在学术界几乎是一个共识。据估计，每年光顾百思买的五亿顾客中，有一亿左右是策略型消费者。由此可见，如果企业忽视了消费者的策略购买行为，可能会导致巨大的损失。因此，企业必须将策略型消费者视为博弈参与者，考虑库存和定价策略对消费者购买策略的影响，并以此为基础进行库存和定价的决策。

在新产品或新服务上市时，考虑消费者的策略购买行为对定价的影响具有非常重要的意义。首先，近年来由于企业越来越频繁地采用动态定价的策略，消费者被"训练"得更加理性，越来越多地通过选择购买时机来增加产品或服务给自己带来的效用。而产品与服务的创新周期和生命周期越来越短，使得市场上不断涌现新产品和新服务，这进一步强化了对消费者的理性"训练"。其次，在新产品或新服务上市一段时间后，市场上往往会出现模仿竞争者。竞争的出现将导致价格的下降，理性消费者很可能会预见到这一情形，并据此做出自己的购买计划。此外，与一般产品和服务相比，新产品和新服务在市场需求等方面存在显著区别。对于一般产品和服务来说，企业了解消费者的估计价值，而对于新产品和新服务来说，企业很难准确判断消费者（特别是高端消费者）的估计价值，这种不确定性的存在加剧了企业在与策略型消费者博弈中的决策难度。不难看出，在面向策

略型消费者时企业对新产品和新服务的定价问题是非常复杂的，其研究价值也是
显而易见的。

1.3 本书的研究内容

本书主要利用非合作博弈理论研究消费者的策略购买行为对创新产品定价的
影响，并考察了创新产品需求强度等信息的价值问题。此外，本书还分析了企业
折现因子、消费者策略购买行为对撇脂定价和渗透定价策略选择的影响。

1.3.1 问题的界定

为使所研究的问题更加明确具体，以及阐明所做假设和建模方式的合理性，
本节将从以下五个方面进行描述与界定：创新产品内容和产品类型、决策变量的
建模方式、消费者的类型描述、不确定性及其他因素。

1. 创新产品内容和产品类型

新产品的含义非常广泛。广义地说，对于企业，市场上早已存在但企业从未
生产过的产品可以称为新产品；对于某个市场，在其他市场早已销售过但在本市
场首次销售的产品也可以称为新产品。作为本书研究对象的创新产品是指狭义的
新产品，即由企业首次研发并首次引入市场，在设计和功能方面具有较大创新的
产品。

在产品类型方面，根据产品用途，产品大体上可以划分为工业产品（industrial
products）和消费者产品（consumer products）。而根据使用时间的长短和消费频
率，消费者产品又可以划分为耐用品（durable goods）和非耐用品（non-durable
goods）。耐用产品是指消费者使用时间较长，购买频率较低的产品，如电冰箱、
汽车、电视机等；非耐用品是指使用时间较短甚至一次性使用，并且购买频率
较高的产品，如手纸、牙膏、糖果等。本书考虑消费者产品中的耐用品，因此
假设在所考虑的时间范围内每个顾客最多只有一次购买机会。此外，消费者对
服装、电子产品等时尚产品使用时间相对也较长，并且并不频繁购买，因此也
属于本书研究的范围。

2. 决策变量的建模方式

将作为决策变量的产品价格视为关于时间的连续变量或者离散变量是两种不
同的建模方式。

近年来，产品的创新研发周期越来越短，而产品的生命周期也大大缩短。与
此同时，消费者变得更加理智，更加追求公平。越来越多的消费者倾向于积极反

馈消费体验，利用各种途径维护自身权益。这些因素都使得企业频繁调整产品价格变得更加困难。例如，产品频繁降价将会给已购买产品的消费者带来受到不公平待遇的心理，而这些消费者的反馈与投诉会给企业带来巨大的压力和负面影响。现在购物网站上顾客留言抱怨刚刚购买产品就发现产品降价的现象并不鲜见。另一个典型的例子是：当苹果公司在 iPhone 上市十周后宣布降价时，乔布斯收到了上百封投诉的电子邮件，为此他不得不亲自道歉并为已购买 iPhone 的顾客提供返还款。此外，许多企业对消费者提供购买产品后一定期限内无条件退货的承诺。如果企业频繁调整价格，就可能导致许多消费者频繁地退换货，这将给企业带来诸多额外的成本。鉴于此，本书采用离散时间模型的建模方式，建立两阶段的模型考察企业对创新产品的动态定价。

3. 消费者的类型描述

总体来说，已有的文献关于估计价值将消费者视为同质的（homogeneous）或者是异质的（heterogeneous）两种类型。消费者同质是指所有消费者对产品的估计价值是相同的。这种假设适用于研究对消费者使用价值或带来的效用差别不大的产品情形，同时这种假设也可以使数学推导更加简便，有利于结果分析。相对应地，消费者异质是指不同的消费者对产品有不同的估计价值。自然地，这个假设更符合实际情形，也可以在建模和分析时提供更丰富的内容。然而在一些情形下，这种假设会使模型变得异常复杂，不利于模型的求解和结果的分析。在数学描述方面，异质消费者的估计价值可以看成离散的或连续的。离散的消费者估计价值是指将消费者估计价值的类型分为两种或三种（高/低、高/中/低）；连续的则是指消费者估计价值是一个区间内的连续值（如 $[a, b]$）。在具体应用时可以根据不同的研究目的和研究方法选择相应的数学描述。

为了更贴近现实，并且丰富所考查问题的内容及适应情形，关于估计价值本书采用异质性消费者的建模方式。由于在离散的描述方式中估计值所在点的权重（即具有该估计值的消费者占消费者总体的比例）不为零，在考虑存在库存限制及存在竞争情形时需要确定对不同情形无差异的消费者购买时的选择规则（tie breaking rule），而不同的选择规则可能会导致不同的结果，因此本书在考虑存在生产能力限制和存在竞争的情形时将采用连续估计价值的描述方式。而在考察企业应该采用撇脂定价还是渗透定价时，在连续估计价值描述框架下无法明确界定"低价"，因此很难定义"渗透定价"，故采用消费者估计价值的离散描述方式，将消费者估计价值类型分为两种，即高和低。

4. 不确定性

近年来，企业为了使自己的创新产品更快更彻底地被消费者熟悉和了解，会加大对产品的推广力度。与此同时，消费者的学习能力也越来越强，并且能够通过多种渠道（如网络）了解产品的功能，从而获知创新产品能给自己带来的效用。因此本书假设消费者了解自身对于产品的估计价值。

在本书讨论的创新产品的框架下，产品初次进入市场，企业没有历史销售数据和经验，因此很可能无法准确掌握市场对产品的需求强度。具体来说，企业不了解消费者，特别是高端消费者的估计价值。这是由于高端消费者对于价格更不敏感，具有较大的价格弹性，企业很难获知其准确的估计价值。本书采用与 Pepall 和 Richards[8]类似的假设，将消费者最大估计价值视为随机变量。结合消费者类型描述的内容，具体为将消费者最大估计价值可能出现的最大值标准化为 1，然后假设：①在连续消费者估计价值框架下，消费者估计价值的最大值是一个在单位生产成本（unit production cost）到 1 的区间内服从均匀分布的随机变量，这个假设使得市场需求量和消费者估计价值都具有不确定性，更加符合创新产品的实际情景；②在离散消费者估计价值框架下，高类型消费者的估计价值是一个在低类型消费者估计价值到 1 的区间内服从均匀分布的随机变量，此时策略型消费者所占比例也是一个随机变量。

本书采用随机变量服从均匀分布的描述方式使得需求强度具有较大的方差，这也体现了创新产品市场需求不确定性较大的特征。

5. 其他因素

除了创新产品内容和产品类型、决策变量的建模方式、消费者的类型描述、不确定性，还需要对一些其他因素进行阐述才能清楚地描述所研究的问题，便于建立数学模型。

（1）消费者的折现因子。策略型消费者的理性体现在其作购买决策时不仅考虑当前价格，而且考虑产品未来价格，通过选择购买时机来最大化自己的效用。折现因子是消费者在将来获得的效用折算到作决策的时间点上剩余的比例，剩余比例越大，说明消费者越耐心、越"理性"。而短视型消费者的折现因子可以看成为零。在模型中加入消费者折现因子可以考察消费者耐心程度对产品定价、企业利润等的影响。

（2）企业的折现因子。企业折现因子的含义类似于消费者折现因子的含义。本书中，当采用消费者连续估计价值的描述方式时，为使模型简便可解，假设企业的折现因子为 1，即企业未来的利润在决策时间点上没有折扣；当采用消费者离散估计价值的描述方式考察撇脂定价和渗透定价的选择时，考虑企业不同的折现因子对产品定价策略和利润的影响。

（3）企业生产能力限制（production capacity constraint）。企业的生产能力限制是否对定价及利润有影响是由企业面临的市场规模大小决定的。如果企业面临的市场规模小于企业的生产能力，在产品定价时就不必考虑生产能力限制；如果企业面临的市场规模大于企业的生产能力，产能限制就会对产品定价、策略型消费者的购买策略及企业利润产生影响。本书将在企业垄断市场的情形下考虑生产能力限制带来的影响，并采用连续消费者估计价值的方式描述市场需求。

（4）模仿竞争者。有的市场对于某些产品种类来说进入壁垒较低，新产品在上市一段时间后会有模仿产品进入市场进行竞争。企业在发布新产品时会预见到这种情形，并据此制定相应的策略来决策产品定价。策略型消费者也会预见到这一点并以此为基础制订购买计划。这使得产品的定价竞争更加复杂。本书将采用消费者连续估计价值的描述方式来考察面向策略型消费者时产品创新者与模仿者的定价竞争。

（5）策略型消费者比例。在实际生活中，消费市场总是由短视型消费者和策略型消费者共同组成的。然而当采用连续消费者估计价值的描述方式来考察问题时，同时考虑短视型消费者和策略型消费者将会使模型变得复杂难解，并且考虑到短视型消费者的存在会拉低消费者的平均策略水平，而这一点可以由消费者折现因子的大小来体现，因此在这种情形下将只考虑策略型消费者。当采用消费者离散估计价值的描述方式来考察撇脂定价策略和渗透定价策略的选择时将考虑策略型消费者所占比例的影响。

1.3.2　结构安排

第 2 章对新产品定价和消费者策略购买行为领域的已有文献分别进行评述。

第 3 章在不考虑企业生产能力限制的情形下，考察消费者的策略购买行为对垄断企业创新产品定价的影响。为了更贴近现实，采用连续消费者估计价值的建模方式。为使模型可解，假设所有消费者具有共同的折现因子。在需求不确定性方面假设消费者估计价值区间的最大值是一个随机变量，这使得需求量与消费者估计价值均具有较大不确定性。企业将创新产品引入市场，在销售计划期内有一次调整价格的机会。消费者根据新产品的引入价格对调整价格形成理性预期，选择自己的购买时机。企业进行首次定价时需要面对需求强度的不确定性。在产品引入价格决策之后，不确定性消失，最大消费者估计价值成为市场的公共知识（common knowledge）。通过对企业与消费者的动态博弈分析及利用逆向归纳法（backward induction）求解两阶段模型得到产品的最优价格。该章还考察了需求强度信息的价值，这也是本书的一个创新之处。最后，通过数值实验分析了各参数对产品第一阶段最优价格、最优期望利润、降价幅度（markdown size）及信息价值的影响。该章的模型是第 4、5 章模型的基础。

第 4 章在第 3 章研究问题和模型的基础上，引入了企业的生产能力限制因素。

本章不仅考察了消费者的策略购买行为对产品定价、企业利润及需求强度信息价值的影响，还考察了企业生产能力的限制对上述因素的影响。生产能力限制造成的短缺效应会导致产品在第一阶段就全部销售完毕等情况的出现，因此会对定价、利润及信息价值产生重要的影响。此外，加入对生产能力限制因素的考虑还使得可能出现的情景种类增多，从而使期望利润函数分段较多，且对于函数的每个分段来说很难验证其是否为单峰（unimodal）的，这大大增加了模型的复杂程度，导致在分析产品第一阶段最优价格和需求强度信息价值时得到完备的解析形式变得困难。传统算法在解决复杂目标函数的问题时其求解效果对于问题特征依赖较大，因此采用遗传算法求解第一阶段近似最优价格。通过数值实验讨论第一阶段价格决策、企业期望利润和需求强度信息价值等指标的性质。与已有文献不同的是，该章以一个确定的量（可能的市场最大需求量）为基准，为企业生产能力决策提供更加明确具体的建议。

第 5 章同样以第 3 章内容为基础，考察面向策略型消费者时创新企业与后来进入市场的模仿企业之间的价格竞争。整个销售期分为两个阶段，第一阶段是创新企业的垄断阶段（monopoly stage），市场上只有创新企业提供产品，模仿企业在第二阶段进入市场，与创新企业竞争，因此第二阶段是竞争阶段（duopoly stage）。产品创新者与模仿者向消费者提供具有垂直差异的产品，因此消费者不仅要考虑跨时期的购买机会，还要考虑同时期不同来源的产品。竞争因素的引入丰富了模型框架和研究内容，可以增加对模仿者产品质量水平产生的影响、企业间产品性价比（cost performance）差异、创新者采取获得需求强度真实值的措施对模仿者的影响及模仿者产品质量水平选择等问题的分析。与此同时，模型仍然保持良好的性能，仍然可以得到描述第一阶段最优价格（隐性表达）和需求强度信息价值的完备解析形式。

第 6 章研究了企业折现因子和消费者策略购买行为对创新产品定价中撇脂定价和渗透定价策略选择的影响。与前几章内容相同的是，企业在销售计划期内有一次调整价格的机会，因此这也是一个两阶段模型。而该章的不同之处在于，考虑到连续消费者估计价值框架下很难明确定义渗透定价，此时采用了消费者估计价值服从两点分布的模型框架，即消费者按照估计价值分为高类型和低类型。同时还考虑了策略型消费者所占比例的不确定性等因素。同样地，由于参数组合使得可能出现的情景较多，很难得到第一阶段最优价格和需求信息价值的具体解析形式，所以通过数值实验来分析它们的性质。

第 7 章对全书进行总结并指出继续研究的方向。

第2章　新产品定价与消费者策略购买行为的理论评述

本书研究的问题主要与两个领域的文献密切相关：①新产品定价问题的研究；②运作管理和市场营销领域中考虑消费者策略购买行为因素的研究。本章依次对这两个问题的研究现状进行评述。

2.1　新产品定价

价格是市场营销组合变量中唯一能够产生收益的元素。合理的定价能够有效平衡销售量与单位产品利润，因此调整价格是企业在特定指标（销售额、市场份额、净利润等）上达到目标所能采用的最直接的手段。定价决策一直受到企业管理者和学者的广泛关注，因此众多文献都对定价问题做了研究。Rao[9]和Tellis[10]对定价问题的研究进行了全面的回顾；Elmaghraby和Keskinocak[11]回顾了考虑库存因素的动态定价问题；Bitran和Caldentey[12]综述了收益管理（revenue management）研究领域的定价模型；而Soon[13]则综述了多产品定价（multi-product pricing）模型。

对于企业管理者来说，由于缺乏销售历史数据，关于创新产品的定价问题是一项巨大的挑战，这也引起了许多学者的兴趣。本节以研究方法和价格关于时间的建模方式为划分标准对新产品定价的文献进行回顾。

在新产品定价策略方面，Dean[14]分析了开创性产品（pioneering product）的定价问题，定义并阐述了撇脂定价策略和渗透定价策略。Bernstein和Macias[15]分析了艾默生价格改进小组（The Emerson Price Improvement Team）的新产品定价过程在费希尔-罗斯蒙特（Fisher-Rosemount）的新型传感器定价中的应用。Hinterhuber[16]试图为定价决策提供一个包括所有相关因素的综合体系。其中理论体系对于新产品定价和已有产品的价格重定位（repositioning）策略具有指导作用，体系的实践应用部分则通过一个全球性化工企业发售其主要产品的定价决策来阐述。吴长顺和彭峻[17]讨论了高技术产品在进入市场初期的定价策略，将研发期看成产品不确定期，认为成功的高技术产品主要是采用渗透定价或免费策略，产品不确定性越大，采用免费策略的可能性越高。Grunenwald和Vernon[18]分析了高技术产品和服务的定价决策，分别阐述了撇脂定价、渗透定价、竞争定价、感知定价（perception pricing）、成本定价、价值定价等定价策略。

更多的学者对新产品定价策略进行了定量分析，主要分为实证研究和模型分析。

2.1.1　实证研究

Maidique 和 Zirger[19]认为采用撇脂定价时新产品成功的可能性更大。Choffray 和 Lilien[20]考察了新产品的创新性对定价策略的影响，发现开创性新产品倾向于采用渗透定价，而改进性新产品主要采用撇脂定价。Hultink 和 Schoormans[3]对荷兰消费类电子产业 19 个公司 28 位产品或市场经理进行了问卷调查，发现定价被认为是新产品获得成功最重要的发售措施，而在面对相同场景时，半数的受访者选择了撇脂定价，另外的受访者选择了渗透定价。Noble 和 Gruca[21]通过对 270 位受访者的调查考察了工业产品的定价问题。新产品定价场景包含撇脂定价、渗透定价和经验曲线定价，研究结果表明渗透定价主要在企业拥有规模带来的成本优势时使用，而撇脂定价主要在企业处于规模成本劣势时采用。Hultink 等[22]收集了 1000 多项新产品发售的数据，对消费类新产品与工业新产品的定价进行了比较，认为消费类新产品主要采用渗透定价且应当与竞争者具有类似的价位，而工业新产品主要采用撇脂定价。Spann 等[23]研究了竞争环境下数码相机新产品动态定价中撇脂定价策略和渗透定价策略的选择。结果表明，具有多个产品线、强大分销能力及面向中高端市场的企业倾向于采用撇脂定价，而主要面向低端市场的企业则倾向于采用渗透定价。Hanif[24]研究了支持新产品采用撇脂定价的因素，发现产品的创新性、产品质量、品牌形象及消费者对技术的接受程度对撇脂定价策略有明显的正相关作用。

Ingenbleek 等[25]考察了新产品定价成功所依赖的因素，考虑了基于信息的三种定价措施：消费者价值信息、竞争信息和成本信息，发现新产品定价的成功主要依赖于产品优势和竞争强度。Lowe 和 Alpert[26]利用横截面实验（cross sectional experiment）和纵向实验分别研究了新产品定价中参考价格（reference price）的形成和变化，发现新产品引入者的引入价格决定了消费者的初始参考价格；对于消费者参考价格，引入者比跟随者具有更大的影响力。刘昌华[27]考察了顾客认知价值对新产品定价的影响，提出了测量顾客认知价值的方法并通过案例分析对测量方法进行了阐述。Ingenbleek 等[28]通过对 144 家生产和服务企业的调查，考察了新产品定价实践中基于顾客价值（value-informed）的定价、基于竞争（competition-informed）的定价和基于成本（cost-informed）的定价，结果表明基于顾客价值的定价有利于新产品的市场表现，而基于竞争和基于成本定价的作用与企业的目标有关。此外，企业在对新产品定价时还要明确自身追求的指标和所处的环境（产品优势、成本、竞争强度等）。Chandrasekaran 等[29]研究了价格因素对新产品在成长期市场表现的影响，发现相对价格（relative price）和价格波动（price volatility）对新产品成长期的表现具有较大的影响。

2.1.2　模型分析

下面将研究新产品动态定价的文献主要划分为价格是连续时间变量和价格是离散时间变量两部分。此外，还有一部分文献研究了新产品的静态定价，以及采用模糊方法进行建模来考察问题。

（1）价格是连续时间变量。Kamien 和 Schwartz[30]研究了面对潜在市场进入者时企业的定价策略，发现只有在非常特殊的情形下限价策略才能阻止潜在进入者进入市场。Gaskins[31]提出了面临潜在市场进入威胁企业的最优动态定价策略。Robinson 和 Lakhani[32]强调在需求动态变化和生产成本存在学习效应的情况下，经典的边际定价规则（marginal pricing rule）已经不再适合，应该考虑利用动态模型分析新产品的定价。Dolan 和 Jeuland[33]考虑了需求和供应的动态变化，分别考察了非耐用新产品和耐用新产品在产品生命周期内的最优定价策略。结果表明，当需求曲线关于时间稳定或者生产成本随着生产总量的增加而降低时应该采用撇脂定价；当非耐用品有相对较高的重复购买率或者当耐用品的需求是一个扩散过程时，应当采用渗透定价。Clarke 等[34]研究了生产成本具有学习效应情形下产品的最优定价策略，发现当产品具有不同的学习效应时，最优价格变化趋势可能是增加的、减小的或者非单调的。Kalish[35]考虑生产成本和需求受到产品累积生产量的影响，研究垄断企业对新产品的动态定价，并得到一些具有较强应用指导性的结论。Thompson 和 Teng[36]在考虑生产学习曲线和指数需求函数的情形下分别研究了垄断市场和竞争市场中的新产品定价和广告决策。在垄断情形下考察了最优定价、短视最优定价和最优静态定价；在竞争模型中，为了方便求解，将模型转化为离散时间模型，并给出求解开环纳什解（open loop Nash solution）的数值算法。Kalish[37]研究了创新产品扩散过程中的定价和广告决策，将消费者购买新产品的过程分为两步：信息获知和购买。而后者只有在前者发生的基础上才能发生。Rao 和 Bass[38]分别在需求扩散（demand diffusion）、市场饱和（market saturation）和成本学习（cost learning）的情形下考察了多个同质企业之间的新产品动态定价竞争和市场份额的动态变化。Eliashberg 和 Jeuland[39]研究了面临未来市场进入者时三种创新企业（策略型、短视型和"意外"型）的定价策略，而这三种创新企业的定价策略具有较大的差异。Dockner 和 Jørgensen[40]考察了竞争环境下新产品的最优定价，同时考虑了成本学习效应、未来利润折现、产品替代性等因素，建立了微分博弈（differential game）模型，并得到开环纳什解。Dockner 和 Gaunersdorfer[41]考虑带有市场饱和效应的线性需求函数和生产成本不变的情形，分析了无限计划期双寡头竞争环境下新产品的动态定价问题，得到退化的闭环纳什解。Bayus[42]研究了两代耐用消费品的动态定价，并通过解析和数值的分析确定动态定价策略。Teng 和 Thompson[43]在生产成本具有学习效应的条件下研究了新产品的最优定价与产品质量决策，并利用最大值原理对模型进行求解。Mesak和 Clark[44]在考虑成本学习效应和未来利润折现及不考虑重复购买和竞争因素的情况下研究了新产品的最优定价和广告策略，并通过案例分析发现价格影响消费者的模仿系数，而广告影响消费者的创新系数。此外，价格的需求弹性随时间增长而广告的需求弹性随时间减小。Krishnan 等[45]在研究新产品最优动态定价时考虑了价格对新产品扩散的影响，发现"折现价格系数"（discounted price coefficient）是影响最优价格趋势的关键因素，当引入价格敏感度较高时应该采用较低的引入价格。Dockner 和 Fruchter[46]定义了新产品扩散的速度，研究了扩散速度、竞争者数量与新产品定价策略的关系，发现加快的扩散速度导致企业更有意愿降低价格。Sethi 等[47]分别在线性需求（linear demand）和等弹性需求（isoelastic demand）情形下研究了新产品定价与广告决策，得到了显性的解析解，并分析了参数的变化对市场价值、最优定价策略和最优广告策略的影响。Helmes 等[48]将 Sethi 等[47]研究的问题扩展到更一般的情形。Arslan 等[49]研究新产品的引入时机决策和两代产品的定价策略决策问题，考虑了新一代产品完全取代上一代产品和新一代产品与上一代产品共存两种情景，将模型扩展到两个企业竞争的情形。Gutierrez 和 He[50]考虑了包含一个供应商和一个零售商的新产品供应链动态协调问题，发现收益共享契约在零售商为短视型和策略型的情形下都能实现供应链协调。Jha 等[51]通过建立最优控制模型考察了新产品最优定价和促销努力策略，并利用最大值原理进行求解。

国内学者在这方面也做了很多卓有成效的研究。曾勇和唐小我[52]考虑了消费者购买产品时的风险态度，并利用贝叶斯决策理论描述消费者行为，建立了耐用品和非耐用品的一般扩散模型，并对定价策略和广告策略进行了分析。盛亚[53]分别讨论了垄断情形下的耐用品和非耐用品的定价策略及竞争情形下的耐用品定价策略。盛亚[54]还利用微分博弈的方法研究了多寡头垄断市场中新产品的定价博弈。胡知能[55]利用扩散模型分别研究了单类创新产品和多类创新产品的定价策略。全雄文等[56]将新产品供应链中的销售定价视为供应商与零售商的斯坦克尔伯格博弈，并分别得到供应商和零售商的最优定价策略。熊中楷等[57]考虑了以往产品价格和广告对消费者购买行为的影响，分别研究了外生广告水平下的新产品定价策略和定价与广告的联合决策。聂佳佳和熊中楷[58]利用动态最优控制的方法研究了新产品定价和广告联合决策等问题。

（2）价格是离散时间变量。Bass 和 Bultez[59]分析了考虑需求动态变化和成本经验曲线（experience curve）的新产品多周期动态最优定价，发现此时最优价格总是略低于短视最优定价（myopically optimal price）。在考察的需求函数情形下，采用短视最优定价获得的利润仅略低于采用多周期动态定价（multi-period optimal pricing）获得的利润。Faulhaber 和 Boyd[60]考察了受管制行业（regulated industry）的新产品最优定价，其中考虑了两个跨期因素：企业生产成本的学习曲线效应和消费者的"示范效应"（demonstration effect）。结果显示管制措施会使得技术扩散率下降，从而导致效率损失。Klastorin 和 Tsai[61]在两个企业竞争环境下考察了新产品的引入时机、产品设计和定价问题，企业开发产品所花费时间决定产品的设计质量，首先完成开发的企业先进入市场，经过一段时间垄断后，另一企业进入市场，形成竞争。而且发现由于竞争等因素的存在，产品差异总会出现，而首先进入市场的企业不一定能够获得最大的利润。Thille 等[62]研究了提供新产品的企业与提供差异化产品的跟随者之间的定价博弈。其中企业以最大化当前利润为目标，而消费者分为两种：一种消费者对新产品有较强的偏好，另一种消费者的偏好则会受到产品市场份额的影响，且消费者对产品的偏好分布随时间变化。结果表明，价格路径可能是非单调的。价格虽然是时间的连续变量，但是价格在调整后的一段时间内保持不变，因此可视为离散决策变量。Zhao 和 Jagpal[63]考察了二手市场对企业动态定价和耐用新产品引入策略的影响。企业在第一阶段销售第一代产品，在第二阶段销售第二代产品来替换第一代产品。结果表明，存在二手市场时已购买第一代产品的消费者在购买第二代产品时要比不存在二手市场的情形支付更高的价格，而初次购买的消费者则支付更低的价格。Khouja 和 Smith[64]在研究信息产品的最优定价时假设企业采用撇脂定价策略，提出三个模型分别考察不同的问题。第一个模型同时考虑了市场饱和效应和盗版因素，在第二个模型中企业可以通过投资开发技术和加强版权保护打击盗版，在第三个模型中发现盗版能够提高市场对产品的熟悉程度从而增加产品需求。Jørgensen 和 Liddo[65]研究了时尚产业中设计创新者和模仿者的定价、广告等决策，其中企业的目标中包含了品牌形象因素。Liu[66]为分析任天堂与索尼之间游戏机新产品的竞争，建立了考虑消费者异质性和网络效应的竞争模型，并通过数值方法求解马尔可夫完美均衡，考察了新产品撇脂定价策略和渗透定价策略的选择。Chen 和 Chang[67]在闭环供应链的环境下利用拉格朗日松弛和动态规划研究了新产品和具有替代性的再制造产品的多阶段动态定价问题，发现定价策略主要依赖于市场类型、再制造节省成本及产品替代系数等因素。

（3）静态定价。Lariviere 和 Padmanabhan[68]考察了上架费（slotting allowance）在新产品生产商与零售商组成的供应链系统中的作用，发现上架费主要有两种作用：一是将生产商拥有的需求信息传递给零售商；二是将零售商的成本转移给生产商。Creane[69]分析了产品质量的不确定性对企业定价和新产品开发的影响。张朝孝和蒲勇健[70]将新产品定价视为企业与高收入消费者及低收入消费者之间的博弈，分别建立了静态博弈模型和动态博弈模型对问题进行分析。Rhim 和 Cooper[71]研究了竞争环境中新产品的定位（new product positioning）和定价问题，并设计了基于遗传算法的启发式方法求解纳什均衡。熊中楷和彭志强[72]利用报童模型研究了易逝新产品的定价、广告和库存决策问题。苏萌和吴川[73]同时考虑了新产品预先发布决策和定价决策。王宏仁和陆媛媛[74]研究了不确定需求的供应链中新产品生产商的定价决策和零售商的订货决策，建立了鲁棒优化模型，并为模型设计了求解算法。熊中楷等[75]考虑新产品供应链中零售商是否应该销售再制造产品的问题。Wu[76]在具有两个供应商和一个零售商的供应链环境中考察了新产品与再制造产品的价格与服务竞争，发现价格和服务的竞争强度影响回收成本和服务投资的均衡决策趋势，价格竞争提高再制造商和零售商的利润，服务竞争对零售商有利但是会降低生产商的利润。

（4）模糊方法。Chiu 等[77]利用层次模糊多目标决策方法（hierarchical fuzzy multi-criteria decision-making method）来考察新产品的发售策略（launch strategy），其中在新产品定价策略方面包含了撇脂定价和渗透定价。谭满益[78]研究了模糊情形下新产品的定价与库存联合决策。Haji 和 Assadi[79]设计了一个模糊专家系统（fuzzy expert system）来研究新产品定价问题。Liao[80]提出了基于模糊层次分析法（fuzzy analytical hierarchy process）和多区间目标规划（multi-segment goal programming）的模型帮助新产品开发的决策者选择最优的定价策略，并以一家台湾手表企业的案例阐述文中所提出的方法。

（5）其他模型。郑辉[81]讨论了新产品定价的测试模型，分别对价格敏感度测试模型、市场潜量定价模型和弹性分析模型进行了介绍和评价。Park 等[82]考察了消费者的不对称锚定效应（anchoring effect）对新产品定价的影响，提出了消费者调整其对新产品最大支付意愿的两种描述方式，并通过实验进行了验证。Terzi 等[83]为高技术新产品设计了一个定价动态仿真模型（pricing dynamic simulation model）。刘晓松和唐款余[84]为高科技新产品的定价决策设计了系统动力学模型，认为采用撇脂定价策略往往优于渗透定价。

本书通过模型分析的方法研究创新产品的定价问题。产品生命周期缩短及消费者表现出追求公平和更加理性的购买行为，企业很难频繁调整产品价格，因此本书采用关于时间离散的决策变量建模方式，建立和分析了两阶段的模型。不难看出，创新产品定价领域的已有文献很少考虑消费者的购买策略行为因素，而本书所关注的主要问题正是消费者选择购买时机的行为对创新产品定价的影响。此外，创新产品的市场需求强度具有较大的不确定性，而已有文献几乎没有考察创新产品需求强度信息的价值问题。本书通过对这一问题的研究，分析了不同因素对信息价值的影响，可以为企业是否应该采取措施获得真实需求强度信息提供决策指导。在考虑创新产品应该采用撇脂定价还是渗透定价策略的问题时，已有文献考虑的影响因素主要有产品成本、产品类型、市场定位、价格弹性及竞争等，本书还研究了新的因素——企业折现因子和消费者的策略购买行为对创新产品定价中撇脂定价和渗透定价策略选择的影响。

2.2　消费者的策略购买行为

近年来对于策略型消费者的研究引起了人们的广泛关注并成为运作管理领域的一个热点。在关于消费者的策略购买行为的研究中，最早引起人们关注的是Coase 的工作[85]：当消费者是完全理性并能预见到耐用产品未来的供应和价格时，即使是垄断的企业也只能将价格定为边际成本。Shen 和 Su[86]对收益管理和拍卖（auction）领域中消费者行为的建模进行了综述。Gönsch 和 Klein[87]对面向策略型消费者的动态定价问题研究进行了综述。本节将按照考虑的决策变量类型为标准对运作管理领域中考虑消费者策略购买行为的研究进行分类回顾，分别为库存决策、定价决策、库存与定价决策。

2.2.1　库存决策

Wilson 等[88]研究了存在策略型消费者时航空公司在两阶段销售周期内的最优订票限额（booking limits）。消费者的策略购买行为体现为一部分消费者在第一阶段无法得到低价票时不会立即购买高价票，而是会选择等待，希望在第二阶段买到低价票。Liu 和 van Ryzin[89]研究在两阶段的销售周期内垄断企业采用承诺价格（preannounced price path）策略时是否应该利用库存短缺（capacity rationing）造成的短缺风险（rationing risk）来促使策略型消费者在产品价格较高时购买。其中给出了库存短缺为最优策略时的条件，发现企业竞争的存在会削弱企业利用库存短缺迫使消费者在高价购买产品的能力。消费者的策略式行为体现在其对立即购买产品得到的效用与推迟购买（存在短缺风险）获得的期望效用之间进行的权衡。Liu和 van Ryzin[90]考察在多周期且每个周期含有全价阶段和降价阶段时企业的库存决策，消费者根据历史库存形成对本周期企业库存的预期，据此决策在全价阶段购买还是在降价阶段购买。根据消费者对库存预测的不同初始状态，企业的最优库存决策收敛为短缺均衡（rationing equilibrium）或者低价均衡（low-price-only equilibrium）。Osadchiy 和 Vulcano[91]考察了具有固定库存的销售商在面向策略型消费者时的约束预订策略（binding reservation），并通过数值实验发现与承诺价格策略相比，约束预订策略可以带来更多的利润。Swinney[92]允许企业在销售中期以较高的成本补货，从而考察企业在面对策略型消费者时快速响应（quick response）的价值，发现总体来说消费者的策略购买行为降低了快速响应的价值，并给出了快速响应能够增加企业利润的条件。其中假设消费者只有在经过一段销售时间后才能得到产品给自己带来的真实效用，因此消费者需要决策是在不了解产品真实价值的时候提前购买，还是等待未来的购买机会。Ovchinnikov 和 Milner[93]考虑企业面对两种估计价值类型的消费者时，在固定库存和多周期条件下，每周期库存在正常价格与折扣价格之间的配额问题。由于具有较高估计价值的消费者可能选择等待在价格打折时购买，企业需要在面临随机需求的情况下，合理分配库存在不同价格水平下的比例，利用短缺效应减少消费者策略购买行为带来的影响。其中还分析了三种估计价值类型消费者的情形，此时企业将一部分库存以高于正常的价格在折扣价格以后出售给具有最高估计价值、选择等待却没有买到折扣价格产品的消费者。Huang 和 van Mieghem[94]考察了当消费者具有策略购买行为时点击跟踪（click tracking）对于企业的价值，点击跟踪技术可以帮助企业了解市场需求，从而按照市场需求决策库存，为企业和消费者带来双赢的结果。与大多数文献不同的是，在这种情形下消费者的策略式行为对于企业是有利的。

此外，黎维斯和任建标[95]考虑了存在策略型消费者时供应链中零售商的订货决策和生产商的质量决策，发现较多的策略型消费者会降低零售商的订货量和产品质量。

2.2.2　定价决策

许多文献对存在固定库存的垄断企业面向策略型消费者时的产品/服务定价问题进行了研究。Anderson 和 Wilson[96]研究了消费者通过计算未来销售低价票的概率来决策购买时机的策略式行为对航空公司定价决策的影响。Elmaghraby 等[97]分析了在有限供应和需求多单位产品（multiunit demands）策略型消费者的条件下垄断企业的最优承诺降价策略，并在消费者估计价值为信息完全和信息不完全的情形下将其与最优单一定价（optimal single pricing）进行了比较。策略型消费者要在高价购买与面临短缺风险的低价购买机会之间做出选择。Su[98]在考察企业具有固定库存条件下的动态定价问题时同时考虑了消费者在估计价值和耐心程度两方面的异质性，发现当高估计价值消费者耐心程度相对较小时，降价策略更为有效；当高估计价值消费者相对于低估计价值消费者更有耐心时，企业应该采取提价的策略。同时还发现企业有时会受益于消费者的策略式等待行为。Aviv 和 Pazgal[99]考察了企业在向策略型消费者销售季节性产品（seasonal product）时采取的两种定价策略：视库存而定的降价（inventory contingent discounting）和承诺降价，发现后者优于前者。此外，如果消费者的策略购买行为被忽略，企业将遭受相当大的损失。Dasu 和 Tong[100]也比较了面向策略型消费者时视库存而定的动态定价策略和承诺定价的策略，发现二者差异不大，而价格变化次数的减少会降低企业的期望利润。Cho 等[101]分析了当企业采用动态定价销售固定库存的易逝产品时策略型消费者的阈值购买策略（threshold purchasing policy），发现在大多数情况下阈值购买策略可以使消费者和企业都受益。Levin 等[102]考察了垄断企业在面对策略型消费者时对固定库存易逝产品的最优动态定价，发现忽略消费者的策略购买行为会使企业遭受巨大损失。Su[103]研究倒卖者（speculator）和策略型消费者对具有固定生产能力的销售商产品定价的影响，发现企业可以利用倒卖者作为间接动态定价的手段。而倒卖者的出现会促使企业建立较低的生产能力。Mersereau 和 Zhang[104]研究了当市场中策略型消费者所占比例未知时企业的降价策略，文中提出了一种不依赖于消费者策略水平知识的鲁棒定价策略（robust pricing policy），并验证了在随机需求情形下该策略依然是有效的。

　　还有一些研究考察了不考虑库存限制时针对策略型消费者的产品定价问题。Besanko 和 Winston[105]考虑垄断企业在多周期内向策略型消费者销售新产品的动态定价问题，文中给出了子博弈完美纳什均衡价格（subgame perfect Nash equilibrium prices），并指出如果企业忽视消费者的策略购买行为将会受到较大损失。但是作者并没有考虑新产品的需求不确定性问题。Dhebar[106]建立了一个两阶段模型考察垄断企业向策略型消费者销售耐用品时的价格和产品质量动态决策，发现消费者的策略购买行为会限制产品质量的改进程度。Nair[107]研究了考虑消费者策略购买行为的耐用品动态定价问题，建立了一个动态规划模型，并提出了对市场需求的估计方法和计算最优定价策略的算法。文中还利用与索尼公司 Play Station 相兼容游戏的数据对模型进行了验证。仿真结果表明忽略消费者策略购买行为将导致巨大的损失，而消费者折现因子的信息对企业具有重要的价值。Chen 和 Zhang[108]研究了两个企业竞争环境中面向策略型消费者的动态目标定价（dynamic targeted pricing），发现即使消费者具有策略购买行为，目标定价仍能使所有企业都受益。Krishnan 和 Ramachandran[109]针对策略型消费者研究了可升级（upgradable）的产品设计策略和动态定价策略，通过建立和分析一个两阶段模型，得到了产品设计和定价的联合决策策略，从而能使企业发布保持产品设计时间一致性（time consistency）的可升级产品，并讨论了最适合采用可升级产品设计策略的市场和产品类型。Parlaktürk[110]研究了企业在两阶段销售周期内面向策略型消费者时，产品差异化策略（product differentiation strategy）对定价和利润的影响，发现与单产品策略相比，差异化产品策略能够减少消费者策略购买行为的影响。

　　Jerath 等[111]针对双寡头市场中的策略型消费者考察了企业直接最后时刻销售（direct last-minute sales）策略和通过中介进行不透明信息销售（opaque selling）的策略，发现当消费者对服务的估计价值较高或企业间服务差异较小时后者优于前者。Levin 等[112]考察了面向策略型消费者的多寡头动态定价竞争，文中分析了不同竞争水平、企业不对称性和市场区间条件下的均衡价格，发现即使理想的应对也只能挽回消费者策略购买行为带来的一部分损失，而限制消费者获得信息能够给企业带来更多利润。Liu 和 Zhang[113]研究了两个企业在向策略型消费者提供垂直差异（vertically differentiated）产品时的动态定价竞争，指出消费者策略购买行为使得产品质量较低的企业受到更大的损失，而单个企业（特别是产品质量较高的企业）的静态定价承诺（unilateral commitment to static pricing）会使两个企业同时受益。

2.2.3　库存与定价决策

Su 和 Zhang[114]考察了消费者的策略购买行为对供应链绩效（supply chain performance）的影响，发现在面对策略型消费者时，零售商的订货水平低于面对短视型消费者的情形，零售商可以通过承诺较少库存（quantity commitment）或者有时可以承诺较高价格（price commitment）提高利润。集中式供应链（centralized supply chain）通常无法提供可置信的承诺，而分布式供应链（decentralized supply chain）可以提供可置信的承诺并利用批发价格契约（wholesale price contract）、价格补贴契约（markdown money contract）、销售回扣契约（sales rebate contract）、回购契约（buy back contract）等实现供应链协调。然而消费者的策略购买行为导致供应链收益不能在成员之间任意分配。Zhang 和 Cooper[115]考察了存在策略型消费者时企业的定价决策及是否应该采用短缺策略的问题。结果表明，当价格是决策变量且企业没有生产能力限制时短缺策略并不能给企业带来额外利润，而当价格路径外生给定时采用短缺策略对企业是有利的。Yin 等[116]在承诺价格策略下比较了两种商品陈列方式的绩效：陈列全部（display all）和陈列一单位（display one），发现后者可以产生短缺风险的效果，从而降低消费者策略购买行为带来的损失。Cachon 和 Swinney[117]考虑存在策略型消费者时企业的库存决策和降价决策，并考察了承诺价格策略和快速响应策略，发现企业应该避免采用承诺价格策略（与 Aviv 和 Pazgal[99]的结论相反），而与不存在策略型消费者的情形相比，快速响应策略在存在策略型消费者时可以带来更多的利润。Cachon 和 Swinney[118]比较了包含增强设计（enhanced design）和快速响应的快时尚（fast fashion）系统、只包含增强设计的系统、只包含快速响应的系统及两者均不包含的传统系统，发现增强设计和快速响应都可以降低消费者策略购买行为的影响，且两者之间具有互补作用，因此采用快时尚系统时企业能够获得最大的利润。Su 和 Zhang[119]研究零售商在面向策略型消费者时的库存和定价决策，分析了增加利润的两种策略：数量承诺和保障承诺（availability guarantee），并发现零售商采用这两种策略的组合可以使社会福利达到最优（first best outcome）。Lai 等[120]研究了零售商向策略型消费者销售商品时退还差价策略（posterior price matching policy）对其利润的影响，发现当策略型消费者所占比例不是太小且其估计价值随时间而降低的程度适中时，退还差价策略可以提高零售商的利润，而当策略型消费者较少且其估计价值下降很小或者很大时，退还差价策略会损害零售商的利润。Li 和 Zhang[121]考察了企业向存在需求不确定性的策略型消费者市场销售易逝品时预订策略（pre-order strategy）和需求信息（advance demand information）的价值问题，发现预先获得需求信息会向消费者显露产品可获得性（product availability），反而可能会损害企业的利润。文中还分析了适合采用预订策略及采用结合价格承诺的预订策略所需要的条件。Wang 和 Hu[122]构建了考虑策略型消费者和风险厌恶销售商的报童模型，并给出了理性预期均衡，发现销售商风险厌恶时的均衡价格低于风险中性时的均衡价格，而均衡订货量的情形则恰好相反。

李娟等[123]研究了考虑策略型消费者及一级市场和二级市场的供应链的绩效，发现消费者策略购买行为是否会降低零售商订购量和供应链系统利润取决于消费者对二级市场的接受程度，而此时回购契约能够使供应链实现协调。刘晓峰和黄沛[124]分别在确定性需求和不确定性需求情形下研究了面向策略型消费者时企业的库存和动态定价决策。彭志强等[125]研究了易逝产品定价及再制造补货问题，发现消费者的策略购买行为降低了产品定价，而产品再制造作为一种柔性补货机制能够增加企业的利润，特别是在面向策略型消费者时，利润增加更为明显。申成霖等[126]研究了在有服务水平约束和消费者存在策略性退货行为的条件下由一个供应商和一个零售商组成的供应链的协调问题，发现一般的回购契约和销售回扣契约无法实现供应链的协调，而基于差别定价的回购契约能够实现供应链的协调。齐二石等[127]研究了面向策略型消费者的供应链两部定价契约，发现契约中的批发价格应该高于生产商的边际成本，并且两部定价契约可以实现供应链收益在成员之间以任意比例分配。杨道箭等[128]考察了顾客具有策略购买行为条件下的供应链绩效，发现具有两部定价契约的分布式供应链的绩效优于集中式供应链的绩效，而批发价格契约和数量折扣契约则无法达到这种效果。黄松等[129]考虑了消费者具有策略购买行为及零售商具有不同风险态度时的产品定价和库存控制问题，分别给出了两种情形下理性预期均衡的求解方法。黄松等[130]还在两阶段报童模型中考虑了消费者的策略购买行为，研究了零售商的库存和定价决策问题，分别考察了零售商和消费者同时行动及零售商采用承诺价格策略时的理性预期均衡，发现零售商的利润在前者的情形下优于后者。计国君和杨光勇[131]分别在消费者事前异质和事后异质的情形下考察了最惠顾客保证策略的价值。

本书在创新产品上市的背景下考察消费者的策略购买行为对定价决策的影响。在与本书研究背景相近的文献中，Besanko 和 Winston[105]、Krishnan 和 Ramachandran[109]没有考虑产品需求的不确定性；本书考虑的不确定性同时包含市场需求量和消费者估计价值的不确定性，更加符合创新产品需求不确定性的实际情形。Li 和 Zhang[121]考虑了需求量的不确定性及需求量信息对企业利润的影响，然而其需求量信息是在企业实施了产品预定策略、一部分需求实现以后得到的，令企业得到信息的这一决策行为在企业获得信息前已经对需求产生了影响。本书考察的获取需求强度信息的措施对需求没有影响。此外，本书还明确给出了需求强度信息价值的定义，并考察了各种因素对信息价值的影响。Nair[107]考察了消费者折现因子的信息价值，而本书则研究了消费者最大估计价值的信息价值。Su[103]考虑了企业的生产能力限制因素，并考察了投机者的存在对企业产能选择的影响。与其相比，本书在考察企业产能决策时则以一个确定的量为基准，为企业产能决策提供更为明确具体的建议。

第3章 策略型消费者与创新产品定价

3.1 问 题 提 出

在经济飞速发展的今天，科技创新受到人们的高度重视，新的成果不断涌现。这在社会经济活动中体现为产品的研发周期和生命周期越来越短，新产品大量、频繁地涌入市场。与此同时，由于消费者的异质性及企业之间相互竞争等因素的存在，越来越多的企业对产品采用动态定价。而消费者在消费过程中也认识到这一点并不断丰富强化这方面的经验，因此消费者变得更加理性，他们通过有意识地选择购买时机来尽可能多地获得消费者剩余，增大消费所购买产品给自己带来的效用。我们在日常生活中的所见所闻就能够充分证明这一现象，如当苹果公司刚刚推出新款手机时，许多人虽然能够接受其价格，但还是会等候一段时间待其降价后再购买。

企业在决策新产品价格时不仅要面对消费者的策略购买行为，还要应对市场需求的不确定性。企业研发的新产品初次进入目标市场，在其他市场没有销售历史，因此企业没有关于该产品的销售数据和销售经验，也就很难准确掌握消费者对新产品估计价值的信息，这进一步增大了企业在决策新产品定价时的困难。

不难看出，在面对市场需求不确定性和消费者策略购买行为时应该如何为新产品定价是企业管理者关注的一个重要问题。此外，产品单位生产成本、消费者策略水平等因素对产品价格变化幅度和企业利润的影响，以及企业为了解需求强度而采取市场调查等措施的价值也是本书所关心的问题。本章的内容结构安排如下：3.2 节对研究问题进行描述，定义数学符号，并建立一个两阶段的动态模型；3.3 节采用逆向归纳法对所建立模型求解，得到各阶段最优产品价格和企业最优利润；3.4 节研究消除不确定性后企业的最优定价决策和最优利润，并在此基础上定义企业采取这种措施的价值；3.5 节通过数值实验考察第一阶段最优价格、企业最优期望利润、产品在不同情形下的降价幅度，以及需求强度信息的价值等问题。

3.2 问题描述与基本模型

3.2.1 问题描述

企业将一种新产品引入一个规模已知的市场，市场的规模标准化为 1。产品引入市场的初始价格为 p_1，在销售一段时间后，企业有一次机会将产品价格调整为 p_2，并在剩余的销售计划期内保持该价格不变。本书以产品价格变动为分界点，变动之前为第一阶段，变动之后为第二阶段。产品的单位生产成本为 c，$c \in (0, 1)$，而研发费用等固定成本（fixed cost）已经在产品研发和上市准备阶段完成投入，是沉入成本（sunk cost），对定价不再产生影响，因此模型中不再考虑固定成本。企业的折现因子为 1。此外，假设企业的生产能力足够大，能够满足市场的所有需求，因此不考虑生产能力限制。

关于消费者方面，假设所有消费者在新产品销售开始时到达市场，每个消费者最多需求一单位的产品，消费者在完成购买行为或者销售期结束后离开市场。异质消费者对产品的估计价值用 v 来表示，v 服从区间 $[0, \beta]$ 上的均匀分布，其中 β 表示在所有消费者中持有的对产品最大的估计价值。企业面临新的产品市场，需求强度具有不确定性，因此假设 β 在销售期开始时对于企业是一个随机变量，服从区间 $(c, 1]$ 上的均匀分布，因此企业面临的潜在市场需求量为 $\dfrac{\beta - c}{\beta}$。显然，假设 β 为随机变量使得需求量和消费者估计价值都具有不确定性。p_1 决策后，随着企业与市场及市场内部的相互了解，β 的真实值成为企业与市场的公共知识，消费者可以据此形成对企业未来调整价格的理性预期，计划自己的购买时机。消费者具有共同的折现因子 δ，$\delta \in (0, 1)$，即消费者在第二阶段实现的效用 U 折算到第一阶段变成 δU。δ 体现了消费者的耐心程度或策略水平，δ 越大说明消费者的策略水平越高，对于等待未来低价购买机会的耐心越大。消费者选择购买时机来最大化自己的消费者剩余（产品估计价值与价格之差），对于未购买产品的消费者，假设其效用为零。以下总结本章用到的部分表示符号：

c 表示单位产品生产成本，$c \in (0, 1)$；

V_1 表示第一阶段购买产品的消费者集合；

V_2 表示第二阶段购买产品的消费者集合；

β 表示第一阶段开始时市场中消费者对产品的最大估计价值，$\beta \in (c, 1]$；

v 表示消费者对产品的估计价值；

v^* 表示第二阶段开始时市场中剩余的消费者对产品的最大估计价值，$v^* \leqslant \beta$；

δ 表示消费者的折现因子，$\delta \in (0, 1)$；

p_1 表示产品的第一阶段价格；

p_2 表示产品的第二阶段价格；

$\prod$ 表示企业的总利润；

$\prod_1$ 表示企业在第一阶段的利润；

$\prod_2$ 表示企业在第二阶段的利润。

图 3.1 说明了事件发生的时间顺序（sequence of the events）。

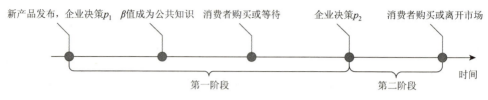

图 3.1　事件发生的时间顺序

3.2.2　基本模型

根据上文对问题的描述，建立企业与消费者的基本动态博弈模型。

对于企业：

$$\underset{p_1}{\text{Max}}\, E_\Pi \left(\Pi_1 + \underset{p_2}{\text{Max}}\, \Pi_2\right) = \underset{p_1}{\text{Max}}\, E_\Pi \left((p_1 - c)|V_1| + \underset{p_2}{\text{Max}}(p_2 - c)|V_2|\right)$$

对于产品估计价值为 v 的消费者希望通过选择购买时机或放弃购买来实现效用 U_v 的最大化，即：

$$\underset{d_v}{\text{Max}}\, U_v = \underset{d_v}{\text{Max}}\{v - p_1, \delta(v - p_2), 0\}$$

其中，$d_v = \begin{cases} 0, \text{放弃购买} \\ 1, \text{在第一阶段购买} \\ 2, \text{在第二阶段购买} \end{cases}$，$U_v = \begin{cases} 0, & d_v = 0 \\ v - p_1, & d_v = 1 \\ \delta(v - p_2), & d_v = 2 \end{cases}$。

注意，模型中的 $|V_1|$，$|V_2|$ 在模型求解过程中都要通过 c，δ，β，p_1 来具体表示。

3.3　不存在产能限制的垄断企业对创新产品的定价

本节采用逆向归纳法对 3.2 节所建立的基本动态模型进行求解，得到不存在产能限制的垄断企业对创新产品的定价，同时分析消费者的策略水平对企业定价决策、销售量及利润的影响。

3.3.1　第二阶段分析

价格不仅决定了单位产品利润，而且影响企业在各个阶段的销售量。例如，其他条件不变的情况下，p_2 的降低会产生两种作用：降低第二阶段的单位产品利润；增加产品在第二阶段的销售量。第二阶段产品价格是企业在第一阶段产品价格的基础上所做的决策，而在第一阶段，企业是在面临需求强度不确定性的情形下做出第一阶段产品价格决策。当 p_1 大于 β 的真实值时，在第一阶段将不会有消费者购买产品。即使 p_1 小于 β 的真实值，也有可能会出现在第一阶段没有消费者购买产品的情形。只有在 p_1 相对于 β 足够小的时候，一部分消费者才会决定在第一阶段购买。具体地，在下文命题的证明中将给出产品第一阶段价格的一个阈值 $\tilde{p}_1 = \dfrac{\delta c + (2-\delta)\beta}{2}$，当 $p_1 \geqslant \tilde{p}_1$ 时 $V_1 = \varnothing$，当 $p_1 < \tilde{p}_1$ 时 $V_1 \neq \varnothing$。显然，$\tilde{p}_1$ 关于 δ 是线性单调减少的。这说明，如果企业期望避免引入新产品初期没有消费者购买产品的局面，在消费者的策略水平越高时应该将产品引入价格设置得越低。本节以下的分析将分为两个部分：一部分是 $V_1 = \varnothing$ 的情形，另一部分是 $V_1 \neq \varnothing$ 的情形。

1. $V_1 = \varnothing$ 时的情形

当 $V_1 = \varnothing$ 时，企业在第二阶段将面对所有的消费者。命题 3.1 给出这种情形下产品的第二阶段最优定价、相应市场区间（market segment）及企业的第二阶段最优利润。

命题 3.1　当 $\tilde{p}_1 \leqslant p_1 \leqslant 1$ 时，产品第二阶段最优价格为

$$p_2^* = \frac{c+\beta}{2} \tag{3.1}$$

在第二阶段购买产品的消费者的相应市场区间为

$$V_2^* = \left\{ v \middle| \frac{c+\beta}{2} < v \leqslant \beta \right\} \tag{3.2}$$

企业在第二阶段的最优利润为

$$\Pi_2^* = \frac{(\beta-c)^2}{4\beta} \tag{3.3}$$

证明　首先确定消费者如何做出购买选择。如果对产品估计价值为 v 的消费者选择在第一阶段购买，则必须满足条件 $v - p_1 > 0$ 及 $v - p_1 > \delta(v - p_2)$，整理即得 $V_1 = \left\{ v \middle| \max\left(p_1, \dfrac{p_1 - \delta p_2}{1-\delta} \right) < v \leqslant \beta \right\}$；同理，选择在第二阶段购买产品的消费者集合为 $V_2 = \left\{ v \middle| p_2 < v \leqslant \min\left(\beta, \dfrac{p_1 - \delta p_2}{1-\delta} \right) \right\}$；如果 $\dfrac{p_1 - \delta p_2}{1-\delta} \geqslant \beta$，则 $V_1 = \varnothing$，$V_2 = \{ v | p_2 < v \leqslant \beta \}$；如果 $\dfrac{p_1 - \delta p_2}{1-\delta} < \beta$，则 $V_1 = \left\{ v \middle| \dfrac{p_1 - \delta p_2}{1-\delta} < v \leqslant \beta \right\}$，$V_2 = \left\{ v \middle| p_2 < v \leqslant \dfrac{p_1 - \delta p_2}{1-\delta} \right\}$。显然，如果一个具有估计价值 v_1 的消费者在第一阶段购买了产品，那么具有较大估计价值 v_2 的消费者必然也在第一阶段购买了产品。如果 v_1 消费者在第二阶段购买了产品，那么 v_2 消费者必然在第一阶段或第二阶段购买了产品。于是得到一个结论：当一个消费者购买了产品时，具有更大估计价

值的消费者必然也购买了产品。

上文提到 v^* 是第二阶段开始时市场中剩余的消费者对产品的最大估计价值，那么易知 $V_1 = \{v \mid v^* < v \leqslant \beta\}$，$V_2 = \{v \mid p_2 < v \leqslant v^*\}$。当 $v^* = \beta$ 时，没有消费者在第一阶段购买产品，即 $V_1 = \varnothing$。企业在第二阶段仍然面对所有消费者，在第二阶段的利润函数为 $\Pi_2 = (p_2 - c)\dfrac{\beta - p_2}{\beta}$。易知此时 $\dfrac{\partial^2 \Pi_2}{\partial p_2^2} = -\dfrac{2}{\beta} < 0$，根据一阶条件，第二阶段最优定价为 $p_2^* = \dfrac{c + \beta}{2}$。于是有 $V_2^* = \left\{v \mid \dfrac{c + \beta}{2} < v \leqslant \beta\right\}$，$\Pi_2^* = \dfrac{(\beta - c)^2}{4\beta}$。又因为 $v^* = \beta$，说明具有估计价值 β 的消费者在第一阶段购买产品得到的效用不大于在第二阶段购买产品得到的效用，即 $\beta - p_1 \leqslant \delta(\beta - p_2^*)$，整理即得 $p_1 \geqslant \dfrac{\delta c + (2 - \delta)\beta}{2} = \tilde{p}_1$。

通过式（3.1）～式（3.3）可以看出，单位产品生产成本增大会使产品的第二阶段最优价格增大，但会使产品销量减少，由于价格增大的部分仅仅抵消了成本增大的一部分[1]，所以企业的利润是减少的。增大的需求强度使得最优价格和销售量都有所增加，因此使得企业的利润增加。当 $V_1 = \varnothing$ 时，产品第二阶段最优价格、相应市场区间和企业第二阶段最优利润与消费者的策略水平和产品第一阶段价格均不相关，这是因为如果相对于消费者策略水平来说产品第一阶段价格过高，导致所有消费者都决定不在第一阶段购买，那么企业在第二阶段仍然面对所有的消费者，消费者的策略水平和产品第一阶段价格的变化不会体现在产品第二阶段的市场需求中。

2. $V_1 \neq \varnothing$ 时的情形

当产品的第一阶段价格足够低时，估计价值足够高的消费者就会决定在第一阶段购买产品，此时 $V_1 \neq \varnothing$。第二阶段开始时企业面对的消费者具有的最大估计价值 v^* 小于 β。面对市场区间为 $[0, v^*]$ 的消费者，企业决策产品的第二阶段价格来最大化自己的第二阶段利润。命题 3.2 给出这种情形下产品的第二阶段最优定价、相应市场区间及企业的第二阶段最优利润。命题 3.2 的推论对相关问题进行了分析。

命题 3.2　当 $c < p_1 < \tilde{p}_1$ 时，产品第二阶段最优价格为

$$p_2^{**} = \frac{(1 - \delta)c + p_1}{2 - \delta} \tag{3.4}$$

在第二阶段购买产品的消费者相应的市场区间为

---

[1] 假设 Δc 为单位生产成本增加量，则有 $p_2^*(c + \Delta c) = \dfrac{c + \Delta c + \beta}{2} = p_2^*(c) + \dfrac{\Delta c}{2}$，最优价格增加量仅仅抵消了单位生产成本增加量的 50%。

$$V_2^{**} = \left\{ v \left| \frac{(1-\delta)c+p_1}{2-\delta} < v \leqslant \frac{-\delta c + 2p_1}{2-\delta} \right. \right\} \tag{3.5}$$

企业在第二阶段的最优利润为

$$\Pi_2^{**} = \frac{(p_1-c)^2}{(2-\delta)^2 \beta} \tag{3.6}$$

证明　当 $V_1 \neq \varnothing$ 时，企业面对市场区间为 $[0, v^*]$ 的消费者，其利润函数为 $\Pi_2 = (p_2-c)\dfrac{v^*-p_2}{\beta}$。易知此时 $\dfrac{\partial^2 \Pi_2}{\partial p_2^2} = -\dfrac{2}{\beta} < 0$，$\Pi_2$ 为凹函数。根据一阶条件，可求得第二阶段最优定价为 $p_2^{**} = \dfrac{c+v^*}{2}$。

此时 $v^* < \beta$，因此对于具有估计价值 v^* 的消费者在第一阶段和第二阶段购买产品是无差异的，即 $v^*-p_1 = \delta(v^*-p_2^{**})$，整理即得 $v^* = \dfrac{p_1-\delta p_2^{**}}{1-\delta}$。结合 $p_2^{**} = \dfrac{c+v^*}{2}$，可知 $v^* = \dfrac{-\delta c + 2p_1}{2-\delta}$，第二阶段最优定价为 $p_2^{**} = \dfrac{(1-\delta)c+p_1}{2-\delta}$。相应地，市场区间为 $V_2^{**} = \left\{ v \left| \frac{(1-\delta)c+p_1}{2-\delta} < v \leqslant \frac{-\delta c + 2p_1}{2-\delta} \right. \right\}$，第二阶段最优利润为 $\Pi_2^{**} = \dfrac{(p_1-c)^2}{(2-\delta)^2 \beta}$。又因为 $v^* < \beta$，即 $\dfrac{-\delta c + 2p_1}{2-\delta} < \beta$，整理即得 $p_1 < \dfrac{\delta c + (2-\delta)\beta}{2} = \tilde{p}_1$。命题得证。

由式（3.4）～式（3.6）可知，单位生产成本的增加会使企业在第二阶段利润减少。其原因与命题 3.1 中讨论的一样：价格的增加仅仅抵消了成本增加量的一部分，因此产品单位利润减少，而价格的上升则导致销售量的减少。

当 $V_1 \neq \varnothing$ 时，产品第一阶段价格的增大会使一部分原本选择在第一阶段购买产品的消费者转而选择在第二阶段购买产品，从而使第二阶段开始时市场上剩余消费者的最大估计价值增大，因此允许产品第二阶段价格更高；同时，第一阶段产品价格的增大虽然导致第二阶段中一部分估计价值较低的消费者放弃购买（因为产品第二阶段最优定价增大了），但是放弃第一阶段转而选择第二阶段购买的消费者数量超过了放弃购买的消费者数量，因此第二阶段产品销售量增大。单位产品利润和销售量都增大，故企业在第二阶段的最优利润增大。

推论 3.1　p_2^{**}，$\left| V_2^{**} \right|$，Π_2^{**} 均为关于 δ 单调增加的凸函数。

证明　$\dfrac{\partial p_2^{**}}{\partial \delta} = \dfrac{p_1-c}{(2-\delta)^2} > 0$，$\dfrac{\partial^2 p_2^{**}}{\partial \delta^2} = \dfrac{2(p_1-c)}{(2-\delta)^3} > 0$，故 p_2^{**} 是关于 δ 单调增加的凸函数；$\dfrac{\partial \left| V_2^{**} \right|}{\partial \delta} = \dfrac{p_1-c}{(2-\delta)^2} > 0$，$\dfrac{\partial^2 \left| V_2^{**} \right|}{\partial \delta^2} = \dfrac{2(p_1-c)}{(2-\delta)^3} > 0$，故 $\left| V_2^{**} \right|$ 是关于 δ 单调增加

的凸函数；$\dfrac{\partial \Pi_2^{**}}{\partial \delta} = \dfrac{2(p_1-c)^2}{(2-\delta)^3\beta} > 0$，$\dfrac{\partial^2 \Pi_2^{**}}{\partial \delta^2} = \dfrac{6(p_1-c)^2}{(2-\delta)^4\beta} > 0$，故 Π_2^{**} 是关于 δ 单调增加的凸函数。

在其他条件不变的情况下，消费者策略水平的增加令消费者更加倾向于等待并在产品价格较低时购买。这使得企业在第二阶段面临的消费者具有更高的最大估计价值，能够保证较高的第二阶段最优价格和增大的第二阶段销售量，因此较高的消费者策略水平使得企业获得更大的第二阶段最优利润。

3.3.2 第一阶段分析

作为风险中性的决策者，企业在面对市场需求强度不确定性的情况下通过决策产品第一阶段价格最大化其在整个销售计划期内的期望利润。命题 3.3 给出企业第一阶段最优价格的决策依据和相应的最优期望利润。

命题 3.3 令 $\bar{p}_1 = \dfrac{\delta c + 2 - \delta}{2}$，$\Pi^*$ 为企业在整个销售计划期内的最优期望利润，p_1^* 为第一阶段最优定价，则有 $p_1^* \in (c, \bar{p}_1)$，且满足

$$\ln\left(\frac{2-\delta}{2p_1^* - \delta c}\right) = \frac{(2-\delta)(2-\delta - (2p_1^* - \delta c))}{2(3-2\delta)p_1^* - (2-\delta^2)c} \tag{3.7}$$

最优期望利润为

$$\Pi^* = \frac{v^{**2} - 4cv^{**} + \left(3 + 2\ln\dfrac{v^{**}}{c}\right)c^2}{8(1-c)}$$

$$+ \frac{(p_1^* - c)((2-\delta)^2(1-v^{**}) + ((1-\delta)^2 c + (3-2\delta)p_1^*)\ln v^{**})}{(2-\delta)^2(1-c)}$$

其中，$v^{**} = \dfrac{2p_1^* - \delta c}{2-\delta}$。

证明 由命题 3.1 知，当 $p_1 \geqslant \tilde{p}_1$ 时，$V_1 = \varnothing$。令 $\beta = 1$，则由 $\tilde{p}_1$ 得到 $\bar{p}_1$。当 $p_1 \geqslant \bar{p}_1$ 时，不论 β 的真实值如何，都必定有 $V_1 = \varnothing$。当 $p_1 < \bar{p}_1$ 时，V_1 是否为 $\varnothing$ 取决于 p_1 与 $\tilde{p}_1$ 的大小关系。

（1）当 $p_1 \geqslant \bar{p}_1$ 时，企业的期望利润函数为

$$E(\Pi) = E(\Pi') = \int_c^1 \frac{(\beta-c)^2}{4\beta} \frac{1}{1-c}\,\mathrm{d}\beta = \frac{1-4c+(3-2\ln c)c^2}{8(1-c)}$$

（2）当 $p_1 < \overline{p}_1$ 时，企业的期望利润函数为

$$E(\Pi) = E(\Pi'') = \int_c^{\tilde{v}} \frac{(\beta-c)^2}{4\beta} \frac{1}{1-c} d\beta + \int_{\tilde{v}}^1 \left((p_1-c)\frac{\beta-\tilde{v}}{\beta} + \frac{(p_1-c)^2}{(2-\delta)^2\beta} \right) \frac{1}{1-c} d\beta$$

$$= \frac{\tilde{v}^2 - 4c\tilde{v} + \left(3 + 2\ln\dfrac{\tilde{v}}{c}\right)c^2}{8(1-c)}$$

$$+ \frac{(p_1-c)((2-\delta)^2(1-\tilde{v}) + ((1-\delta)^2 c + (3-2\delta)p_1)\ln\tilde{v})}{(2-\delta)^2(1-c)}$$

其中，$\tilde{v} = \dfrac{2p_1 - \delta c}{2-\delta}$。

注意 $E(\Pi'')\big|_{p_1=c} = 0$，$E(\Pi'')\big|_{p_1=\overline{p}_1} = E(\Pi')$ 为常数，因此只需再考察 $E(\Pi'')$。

由于 $\dfrac{\partial^3 E(\Pi'')}{\partial p_1^3} = \dfrac{4(2(3-2\delta)p_1 + (2-6\delta+3\delta^2)c)}{(2p_1-\delta c)^2(2-\delta)^2(1-c)} > 0$，$\dfrac{\partial^2 E(\Pi'')}{\partial p_1^2}$ 是关于 p_1 的单调增函

数。又因为 $\dfrac{\partial^2 E(\Pi'')}{\partial p_1^2}\bigg|_{p_1=c} = \dfrac{2(3-2\delta)\ln c}{(2-\delta)^2(1-c)} < 0$，$\dfrac{\partial^2 E(\Pi'')}{\partial p_1^2}\bigg|_{p_1=\overline{p}_1} = \dfrac{2(1-\delta)}{(2-\delta)^2} > 0$，故存在

一点 $p_1 = \hat{p}_1$，使得 $\dfrac{\partial E(\Pi'')}{\partial p_1}$ 在区间 $(c, \hat{p}_1)$ 关于 p_1 单调减少，在区间 $[\hat{p}_1, \overline{p}_1)$ 关于 p_1 单

调增加。又因为 $\dfrac{\partial E(\Pi'')}{\partial p_1}\bigg|_{p_1=c} = \dfrac{1-c+c\ln c}{1-c} > 0$，$\dfrac{\partial E(\Pi'')}{\partial p_1}\bigg|_{p_1=\overline{p}_1} = 0$，故 $\dfrac{\partial E(\Pi'')}{\partial p_1}\bigg|_{p_1=\hat{p}_1} < 0$

且存在一点 $p_1 = \hat{p}_1' \in (c, \hat{p}_1)$，使得 $\dfrac{\partial E(\Pi'')}{\partial p_1}\bigg|_{p_1=\hat{p}_1'} = 0$。因此，在区间 $(c, \hat{p}_1')$ 内

$\dfrac{\partial E(\Pi'')}{\partial p_1} > 0$ 且关于 p_1 单调减少，在区间 $(\hat{p}_1', \hat{p}_1)$ 内 $\dfrac{\partial E(\Pi'')}{\partial p_1} < 0$ 且关于 p_1 单调减少，

在区间 $[\hat{p}_1, \overline{p}_1)$ 内 $\dfrac{\partial E(\Pi'')}{\partial p_1} < 0$ 且关于 p_1 单调增加。易知，$E(\Pi'')$ 在区间 $(c, \hat{p}_1')$ 内是

关于 p_1 单调增加的凹函数，在区间 $(\hat{p}_1', \hat{p}_1)$ 内是关于 p_1 单调减少的凹函数，在区间

$(\hat{p}_1', \hat{p}_1)$ 内是关于 p_1 单调减少的凸函数。图 3.2 给出了 $E(\Pi)$ 关于 p_1 的变化趋势。

综上，$p_1^* = \hat{p}_1'$，并且可以通过 $\dfrac{\partial E(\Pi'')}{\partial p_1} = 0$ 计算得到。将所求得的值代入

$E(\Pi'')$ 即得到相应的 Π^*。

由命题 3.3 可知，不考虑生产能力限制的垄断企业在面对策略型消费者时不应主动放弃在第一阶段的销售机会，因此产品第一阶段的价格不应定得太高。

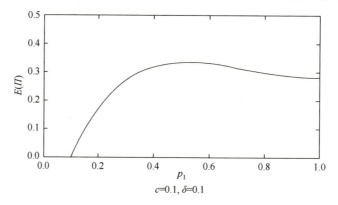

$c=0.1, \delta=0.1$

图 3.2　　$3*E(\Pi)$ 关于 p_1 的变化趋势

3.4　需求强度信息的价值

到现在为止，本书的分析都是基于这样一个假设：在新产品开始销售时，企业并不了解市场真正的需求强度。因此，企业只能以最大化整个销售计划期的期望利润为目标来决策产品的第一阶段价格，再根据观察到的真实需求强度来决策产品第二阶段价格。然而，如果企业可以通过采取加大市场调查力度等措施①在产品正式进入市场以前获得市场需求强度的真实值，那么企业就可以将最大化实际利润作为目标来决策产品的第一阶段价格。命题 3.4 给出了这种情形下的产品第一阶段最优定价和企业的最优利润。

命题 3.4　假设产品销售开始阶段企业已获得 β 的真实值，令 p_1^{**} 为该情形下的产品第一阶段最优定价，Π^{**} 为相应的企业最优利润，则有

$$p_1^{**} = \frac{(2-\delta^2)c + (2-\delta)^2\beta}{2(3-2\delta)} \tag{3.8}$$

$$\Pi^{**} = \frac{(2-\delta)^2(\beta-c)^2}{4(3-2\delta)\beta} \tag{3.9}$$

证明　（1）当 $p_1 \geqslant \overline{p}_1$ 时，企业的利润为

$$\Pi = \Pi' = \frac{(\beta-c)^2}{4\beta}$$

（2）当 $p_1 < \overline{p}_1$ 时，企业的利润为

$$\Pi = \Pi'' = \frac{(p_1-c)((2-\delta)^2\beta - (1-\delta)^2 c - (3-2\delta)p_1)}{(2-\delta)^2\beta} \tag{3.10}$$

---

① 企业可以自己实施这些相应的措施，也可以外包给专业的咨询公司。

显然，$\Pi''\big|_{p_1=c}=0$，$\Pi''\big|_{p_1=\bar{p}_1}=\Pi'=\dfrac{(\beta-c)^2}{4\beta}$，现在只需考察 Π'' 在区间 $(c,\bar{p}_1)$ 中的极大值。由 $\dfrac{\partial^2\Pi''}{\partial p_1^2}=-\dfrac{2(3-2\delta)}{(2-\delta)^2\beta}<0$ 知 Π'' 是关于 p_1 的凹函数，根据一阶条件可得 $p_1^{*'}=\dfrac{(2-\delta^2)c+(2-\delta)^2\beta}{2(3-2\delta)}\in(c,\bar{p}_1)$ 是 Π'' 的极大值点。综上，$p_1^{**}=p_1^{*'}$，代入式（3.10）即可求得相应的最优利润值。

与具有需求不确定性的情形一样，产品第一阶段价格不应定得太高。不同的是，在确定性情形下，企业可以保证避免第一阶段不存在产品销售量的情形。

推论 3.2　p_1^{**} 和 Π^{**} 都是关于 δ 单调减少的凸函数。

图 3.3 给出了确定性情形下第一阶段最优价格和企业最优利润受到消费者策略水平的影响。消费者的策略水平越高，其等待低价购买机会的意愿就越强烈。为了使更多消费者在较高价格阶段（第一阶段）购买，企业不得不降低第一阶段价格，这也导致了企业最优利润的减少。

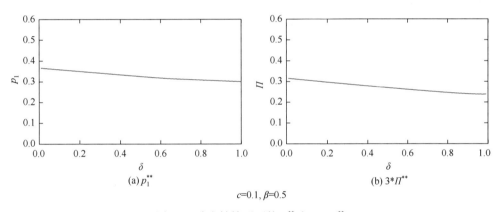

图 3.3　确定性情形下的 p_1^{**} 和 $3*\Pi^{**}$

显然，采取市场调查等措施可以令企业获得需求强度的真实水平，有机会增加实际利润，但也会带来一定的成本[①]。需要注意的是，是否采取市场调查等措施的决策是在企业面临需求强度不确定性的情况下做出的，能够带来的额外利润（未考虑措施的成本）也是不确定的。因此，随之而来的问题是什么样的情况下值得采取这些措施。自然地，作为风险中性的决策者，企业会对采取措施引入的成本和带来的期望额外利润进行比较来进行决策。根据这一思路，本书给出最大估计价值信息的期望值（the expected value of maximum valuation information,

---

① 常见的市场调查成本有产品样本费用、调查实施费用、人工费用、参与调查的奖励及咨询费等。

EVMVI）这一定义。

定义 3.1　　EVMVI 就是企业通过采取获得需求强度真实值的措施得到的期望利润与存在需求强度不确定性时企业最优期望利润之差，记为 $EV_\beta = \dfrac{1}{1-c}\int_c^1 \Pi^{**}\mathrm{d}\beta - \Pi^*$。

命题 3.5 给出 EV_β 的具体形式。

命题 3.5　　EVMVI 为

$$EV_\beta = \frac{(1-\delta)^2\left(v^{**2} - 4cv^{**} + \left(3 + 2\ln\dfrac{v^{**}}{c}\right)c^2\right)}{8(3-2\delta)(1-c)} + \frac{(2-\delta)^2(1-v^{**2})}{8(3-2\delta)(1-c)}$$
$$- \frac{\left(2(3-2\delta)p_1^* - (2-\delta^2)c\right)^2\ln v^{**}}{4(2-\delta)^2(3-2\delta)(1-c)} - \frac{\left(2(3-2\delta)p_1^* - (2-\delta^2)c\right)(1-v^{**})}{2(3-2\delta)(1-c)}$$

$$(3.11)$$

由于得到的 p_1^* 是由式（3.7）给出的隐式表达形式，因此将在数值实验中继续考察 EV_β 的性质。

3.5　算 例 分 析

本节将利用数值实验考察以下问题：

（1）产品第一阶段最优价格受到各项参数怎样的影响？

（2）企业最优期望利润受到各项参数怎样的影响？

（3）产品的降价幅度受到各项参数怎样的影响？

（4）需求强度信息的价值受到各项参数怎样的影响及企业如何决策是否采取获得信息的措施？

本节还将通过数值实验得到一些管理学方面的启示。

3.5.1　产品第一阶段最优定价

首先考察在不同的单位生产成本下产品的第一阶段最优价格。图 3.4 给出了 $c = 0.1, 0.2, 0.3, 0.4, 0.5$ 时 p_1^* 关于 δ 的变化趋势。

由图 3.4 知，p_1^* 似乎是关于 δ 先减小后增大的凸函数，即产品第一阶段最优价格随着消费者策略水平的增大先减小后增大，这与不存在不确定性的情形是不同的。根据推论 3.2，当企业获知需求强度真实信息时，产品第一阶段最优价格是消费者策略水平的单调减函数。这可以理解为企业为促使消费者在高价阶段购买而降低第一阶段价格。然而需求强度不确定性的存在改变了这一趋势，当消费者

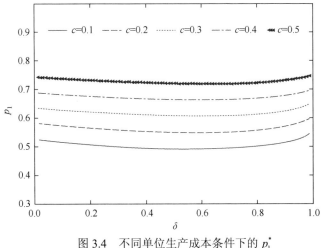

图 3.4 不同单位生产成本条件下的 p_1^*

策略水平足够高时，最大化企业期望利润的第一阶段最优价格随着消费者策略水平的增大反而增大。这与直觉是不相符的（counterintuitive）。可能的解释是如果消费者等待低价购买机会的耐心超过了一定的程度，与确定性情形的最优定价相比，企业第一阶段定价较低而需求强度较高时造成的利润损失超过了第一阶段定价较高而需求强度较低时造成的利润损失。此外，由图 3.4 还可以发现，当单位生产成本增加时，第一阶段最优价格有明显的增加，这一点是与直觉相一致的。但是第一阶段最优价格的绝对增量仍然小于单位生产成本的绝对增量。

以上分析的是在不同的单位生产成本水平下第一阶段最优价格的绝对水平。为了在同一个框架里分析不同单位生产成本下第一阶段最优价格的相对水平，下面考察变量 $P = \dfrac{p_1^* - c}{1 - c}$。它体现了第一阶段最优价格在可能的取值范围内的相对水平。由图 3.5 可知，关于 δ，P 与 p_1^* 的变化趋势是类似的。虽然 P 随着 c 的增大而增大，但是增量非常小，即 P 在不同 c 的水平下基本维持相似的水平。这说明在不同的单位生产成本水平下第一阶段最优价格的相对水平是类似的。

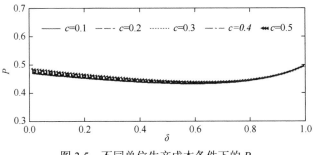

图 3.5 不同单位生产成本条件下的 P

3.5.2　企业最优期望利润

为使图像更加易于观察分析，本节考察 $5 * \Pi^*$ 关于 δ 的变化趋势。图 3.6 说明在单位生产成本不变的前提下，Π^* 随着 δ 增加而减少，即企业的最优期望利润随着消费者策略水平的增长而下降，消费者的策略购买行为损害了企业的利润，策略水平越高，这种损害就越大。这与已有文献的结果是一致的。

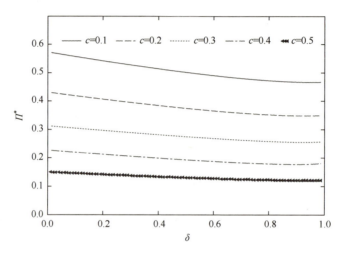

图 3.6　不同单位生产成本条件下的 $5 * \Pi^*$

当产品单位生产成本增加时，企业的最优期望利润减少。这是因为两个阶段的最优价格增加幅度都小于单位生产成本的增加幅度，导致单位产品利润下降，而价格的上升还导致销售量下降，因此最优期望利润下降。这也说明企业应该采取适当措施尽量降低单位生产成本。

3.5.3　产品降价幅度

令 p_2^{opt} 为第二阶段最优价格，由命题 3.1、命题 3.2 可知，p_2^{opt} 依赖于第一阶段价格和需求强度的真实值：当 $\tilde{p}_1 \leqslant p_1 \leqslant 1$ 时，$p_2^{\mathrm{opt}} = p_2^*$；当 $c < p_1 < \tilde{p}_1$ 时，$p_2^{\mathrm{opt}} = p_2^{**}$。如果孤立地来看第二阶段最优价格，很难说明其水平的高低。本书通过考察第二阶段最优价格与第一阶段最优价格的比值（$P_{\mathrm{markdown}} = p_2^{\mathrm{opt}} / p_1^*$）来分析第二阶段最优价格的相对水平。$P_{\mathrm{markdown}}$ 越大，说明降价幅度越小。令 $c = 0.1,\ 0.3,\ 0.5$，$\delta = 0.2,\ 0.5,\ 0.8$，如图 3.7 所示。由图 3.7 得到以下几点结论。

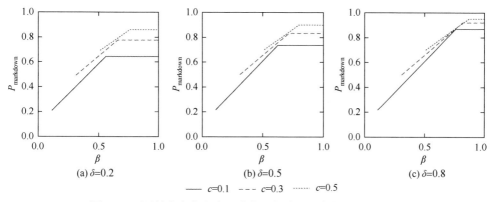

$$\text{—— } c{=}0.1 \quad \text{--- } c{=}0.3 \quad \cdots\cdots c{=}0.5$$

图 3.7　不同单位生产成本和消费者策略水平条件下的 $P_{markdown}$

（1）在 β 的维度上存在一个阈值，当 β 不大于该阈值时，$P_{markdown}$ 随着 β 的增大而增大，当 β 大于该阈值时，$P_{markdown}$ 保持在 β 阈值点的水平不变。这说明在实际需求强度较小时需要用较大的降价幅度来增加销售量，而在实际需求强度较大时则允许降价幅度较小，保持较高的单位利润水平。当需求强度足够大时，根据命题 3.2，第二阶段最优价格不再体现需求强度的影响，因此降价幅度保持不变。

（2）当 β 足够大，或者 β 与 δ 均没有达到足够大时，$P_{markdown}$ 随着 δ 的增大而增大；否则，$P_{markdown}$ 可能会随着 δ 的增大而减小。一般情况下，当消费者的策略水平较高时，消费者更有耐心为了较低的价格而等待，企业可以通过减少降价幅度来改变产品的价格差距给消费者带来的效用差异，促使更多的消费者在较高价格阶段（第一阶段）购买，达到增加整个销售期期望利润的目的。但是当消费者策略水平足够高时，根据 3.5.1 小节的结果，企业的第一阶段最优价格是消费者策略水平的增函数；如果市场需求强度较小的话，很可能导致第一阶段没有消费者购买，此时第二阶段最优价格不随消费者的策略水平变化。综合以上两点，降价幅度是随消费者的策略水平的增大而减小的。

（3）绝大多数情况下，$P_{markdown}$ 随着 c 的增大而增大。这说明当产品单位生产成本增大时，产品的降价幅度是减小的。

3.5.4　需求强度信息的价值

本节试图考察不同情形下需求强度信息价值受到各参数的影响，定义 R 为信息价值在最优期望利润中所占比例，并通过分析 R 来为企业决策是否采取获得需求强度真实信息的措施提供更直观的依据。

由图 3.8 可知，需求强度信息价值是随着消费者策略水平的增大而减小的，这是因为当需求强度已知时企业的最优利润期望值关于消费者策略水平的下降速度快于需求强度未知时企业的最优期望利润。此外，需求强度信息价值还随着产品单位生产成本的上涨而减小。

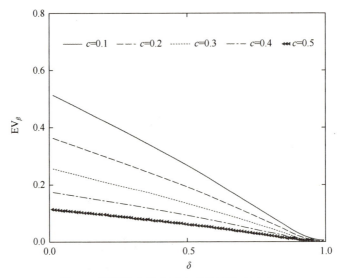

图 3.8 不同单位生产成本条件下的 $50*EV_\beta$

图 3.9 说明 R 的变化趋势与 EV_β 的变化趋势是类似的。需要注意的是，虽然 R 随着 c 的增大会有微小的下降，但还是大体保持在相似的水平。这说明信息价值在最优期望利润中所占比例对于产品单位生产成本的变化是不敏感的。在考察的所有实例中，R 的值都没有超过 10%，因此，一旦采取获得需求信息的措施成本在最优期望利润中所占比例超过 10%，企业应该基本考虑放弃采取获得需求强度真实值的措施。

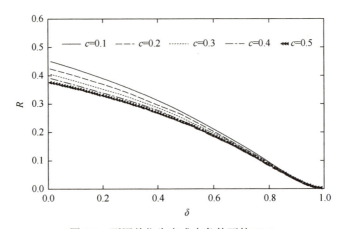

图 3.9 不同单位生产成本条件下的 $5*R$

本 章 小 结

  本章研究面向策略型消费者时，不存在生产能力限制的垄断企业为其新产品进行动态定价的决策问题。建立了一个两阶段模型，用消费者最大估计价值在初期对于企业是一个随机变量来体现新产品市场需求强度的不确定性，用对产品未来价格的理性预期和未来效用折现因子来体现消费者的策略购买行为。利用逆向归纳法求解模型，分别得到了两阶段的产品最优定价和企业最优利润，并分析单位生产成本、需求强度、消费者策略水平等因素对其产生的影响。本章还考察了需求强度信息的价值，即企业为获知需求强度信息所采取市场调查等措施的价值。当措施的成本不大于其价值时，企业可以考虑采取这些措施。而企业采取措施消除不确定性后，其第一阶段最优定价和整个计划期的最优实际利润是消费者策略水平的单调减函数。然而通过数值实验，发现与确定性情形不同，存在需求强度不确定性时，第一阶段最优价格并不是单调地随着消费者策略水平的增大而减小，而是先减小后增大。这可能是因为当消费者策略水平足够高时，与确定性情形的最优定价相比，企业第一阶段定价较低而需求强度较高时造成的利润损失超过了第一阶段定价较高而需求强度较低时造成的利润损失。而不确定性情形下期望利润是随着消费者策略水平的增加而降低的。产品在第二阶段的降价幅度在大部分情形下随着消费者策略水平的增大而减小，这可以促使消费者在高价阶段购买，是企业应对消费者策略购买行为的主要方式之一。而需求强度信息的价值也随着消费者策略水平的增大而减少。此外，单位生产成本的增加会降低企业的最优期望利润、产品降价幅度及需求强度信息的价值；而第一阶段最优价格的相对水平和需求强度信息价值在最优期望利润中所占比例对于单位生产成本的变化并不敏感。

  本章并未考虑企业生产能力限制和模仿者进入市场引起的竞争等因素。但是本章的模型可以作为一个基本模型，接下来的两章将在本章模型的基础上进行扩展，分别研究企业带有生产能力限制和存在模仿竞争者的情形。

第4章 考虑生产能力限制的创新产品定价

4.1 问 题 提 出

当面对较大规模市场时,企业就会面临产品生产能力的限制,尤其是在新产品上市的初期。主要原因是企业来不及建立较大规模的生产能力,或者对于新产品的需求状况持较为谨慎的态度。企业生产能力的限制一方面降低了企业向市场提供产品的能力,另一方面其产生的短缺效应会促使消费者尽早购买。本章整合已有的理论成果[132],考察企业生产能力限制对产品定价、企业利润及需求信息价值的影响,以及企业存在生产能力限制时,消费者策略购买行为产生的影响会发生怎样的变化。

本章的内容安排如下:4.2 节对研究问题进行描述并定义相关数学符号;4.3 节利用逆向归纳法和遗传算法对模型进行求解;4.4 节分析确定性情形及需求强度信息的价值;4.5 节通过数值实验得到一些管理启示。

4.2 问 题 描 述

本章是在第 3 章所研究问题基础上的扩展。下面先对第 3 章所研究问题的描述进行简单回顾,然后描述本章考虑的生产能力限制因素。

企业以价格 p_1 将新产品引入一个规模标准化为 1 的市场,在销售一段时间(第一阶段)后,企业有一次机会将价格调整为 p_2,并保持到计划期末(第二阶段)。产品单位生产成本为 c,不考虑固定成本。此外,企业的折现因子为 1。所有消费者在产品上市初期来到市场,一个消费者最多需要一单位产品。消费者对产品具有异质的估计价值 v,v 在 $[0, \beta]$ 满足均匀分布。对于企业来说,在 p_1 决策以前,β 在 $(c, 1]$ 服从均匀分布;p_1 决策后 β 的真实值(v 的所有分布知识)成为市场公共知识。消费者对未来产品价格形成理性预期,并以最大化消费效用为目标。消费者还具有共同的折现因子 δ。

本章在上述问题的基础上加入了企业生产能力限制因素的考虑,这一点与 Su[103]类似。Su[103]考察了生产能力固定(fixed capacity)的企业在市场中存在策略型消费者和产品倒卖者时对产品的定价。其建立的模型不仅适用于体育赛事的售票定价,还适用于诸如电子产品等新引入(newly introduced)产品的定价。因此,本章采用其假设,假设企业在产品上市前建立了 K 单位的产品生产能力。不同的是，在本章的模型中 $K \in (0, 1-c)$，这是因为当 $K \geqslant 1-c$ 时，企业的生产能力必定能够满足所有可能的需求，不再构成约束。需要注意的是，在企业存在生产能力限制的条件下，如果第一阶段定价足够低，产品可能会在第一阶段销售完毕，因此不存在第二阶段。

本章用到的与第 3 章定义相同的数学符号如下：

c 表示单位产品生产成本，$c \in (0, 1)$；

V_1 表示第一阶段购买产品的消费者集合；

V_2 表示第二阶段购买产品的消费者集合；

β 表示第一阶段开始时市场中消费者对产品的最大估计价值，$\beta \in (c, 1]$；

v 表示消费者对产品的估计价值；

v^* 表示第二阶段开始时市场中剩余的消费者对产品的最大估计价值，$v^* \leqslant \beta$；

δ 表示消费者的折现因子，$\delta \in (0, 1)$；

p_1 表示产品的第一阶段价格；

p_2 表示产品的第二阶段价格；

Π 表示企业的总利润；

Π_2 表示企业在第二阶段的利润。

本章新增加的数学符号如下：

K 表示企业的生产能力，$K \in (0, 1-c)$；

K^* 表示第二阶段开始时企业的剩余能力。

图 4.1 描述了事件发生的时间顺序。

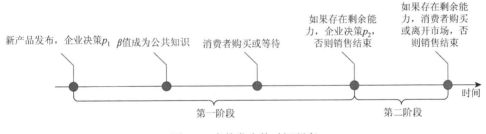

图 4.1　事件发生的时间顺序

4.3　存在产能限制的垄断企业对创新产品的定价

本节利用逆向归纳法对模型进行求解。首先在第一阶段定价和需求强度的不同组合下获得第二阶段初期剩余消费者和企业剩余能力（remaining capacity）等状态，以及产品第二阶段最优定价和企业第二阶段最优利润。在分析第一阶段时，参数组合导致期望利润函数分段较多，且不同参数组合下有不同的分段，同时很难证明期望利润函数各分段是单峰函数，因此无法明确表达第一阶段最优定价的解析形式。对于此类目标函数形式复杂的优化问题，传统优化算法的求解效果对问题特点的依赖程度较大，而遗传算法正适合求解此类问题，因此采用遗传算法来求解第一阶段定价的近似最优解。

4.3.1　第二阶段分析

在第二阶段初期，需求强度 β 的真实值已经成为公共知识。此外，剩余消费者的最大估计价值（v^*）和企业的剩余能力（K^*）也已经确定。因此，企业能够以此为基础决策第二阶段的最优价格，相应地可以获得其第二阶段最优利润。与第 3 章问题相同的是，如果第一阶段价格相对于需求强度过高，所有消费者都不会在第一阶段购买；如果第一阶段价格相对于需求强度较低，第一阶段就会存在一定的产品销售量。然而本章与第 3 章不同的是，如果第一阶段价格相对于需求强度过低，太多消费者选择在第一阶段购买，就会导致企业生产能力在第一阶段完全消耗。而第一阶段价格与需求强度的组合会产生怎样的场景还与企业生产能力的大小有关。命题 4.1～命题 4.3 给出了不同条件下的结果。

令 p_2^* 为企业在第二阶段的最优定价，Π_2^* 为企业在第二阶段的最优利润，则有以下结论。

命题 4.1　当 $\dfrac{\beta-c}{\beta} \leqslant K < 1-c$ 时：

（1）如果 $\dfrac{\delta}{2}c + \dfrac{2-\delta}{2}\beta \leqslant p_1 \leqslant 1$，那么

$$V_1 = \varnothing$$

$$v^* = \beta$$

$$K^* = K$$

$$p_2^* = \frac{c+\beta}{2}$$

$$\Pi_2^* = \frac{(\beta-c)^2}{4\beta}$$

（2）如果 $c < p_1 < \dfrac{\delta}{2}c + \dfrac{2-\delta}{2}\beta$，那么

$$V_1 \neq \varnothing$$

$$v^* = \frac{2p_1 - \delta c}{2-\delta}$$

$$K^* = \frac{2p_1 - \delta c}{(2-\delta)\beta} - (1-K)$$

$$p_2^* = \frac{1-\delta}{2-\delta}c + \frac{1}{2-\delta}p_1$$

$$\Pi_2^* = \frac{(p_1-c)^2}{(2-\delta)^2\beta}$$

证明　当 $\frac{\beta-c}{\beta} \leqslant K < 1-c$ 时，企业的生产能力能够满足所有的需求，因此并不构成约束。给定剩余消费者最大估计价值 v^*，企业在第二阶段的最优利润为 $\Pi_2 = (p_2-c)\frac{v^*-p_2}{\beta}$，因此第二阶段最优定价为 $p_2^* = \frac{c+v^*}{2}$。

如果 $v^* = \beta$，意味着没有消费者在第一阶段购买，即 $V_1 = \varnothing$，$K^* = K$，$p_2^* = \frac{c+\beta}{2}$，$\Pi_2^* = \frac{(\beta-c)^2}{4\beta}$。在这种情形中，具有估计价值 β 的消费者在第二阶段购买产品具有最大的效用或者是在第一阶段购买与第二阶段购买无差异，即 $\beta-p_1 \leqslant \delta\left(\beta-\frac{c+\beta}{2}\right)$，整理即得 $p_1 \geqslant \frac{\delta}{2}c + \frac{2-\delta}{2}\beta$。

如果 $v^* < \beta$，具有估计价值 v^* 的消费者对于第一阶段购买和第二阶段购买无差异，即 $v^* - p_1 = \delta(v^* - \frac{c+v^*}{2})$，或者为 $v^* = \frac{2p_1 - \delta c}{2-\delta}$。因此，$K^* = \frac{2p_1 - \delta c}{(2-\delta)\beta} - (1-K)$，$p_2^* = \frac{1-\delta}{2-\delta}c + \frac{1}{2-\delta}p_1$，$\Pi_2^* = \frac{(p_1-c)^2}{(2-\delta)^2\beta}$；而估计价值大于 v^* 的消费者选择在第一阶段购买，即 $\beta-p_1 > \delta(\beta - \frac{c+v^*}{2})$，整理即得 $p_1 < \frac{\delta}{2}c + \frac{2-\delta}{2}\beta$。

当企业的生产能力能够满足市场需求 $\left(\frac{\beta-c}{\beta} \leqslant K < 1-c\right)$ 时，第二阶段最优价格和第二阶段最优利润并不受到生产能力的影响。第一阶段价格存在一个阈值 $\left(p_1 = \frac{\delta}{2}c + \frac{2-\delta}{2}\beta\right)$，当第一阶段价格高于阈值时，没有消费者会在第一阶段购买。由于这种情形下第二阶段初期企业面临的市场需求不受第一阶段价格及消费者策略水平的影响，因此这两个因素的影响也不会体现在第二阶段最优价格和最优利润中。当第一阶段价格低于阈值时，第二阶段最优价格和最优利润均随着第一阶段价格或者消费者策略水平的上升而上升。这是因为较高的第一阶段价格与较高

的消费者策略水平一样，都会使消费者在低价阶段购买产品的意愿更加强烈，因此能够支持企业在第二阶段获得较高的定价和利润。

命题 4.2　当 $\dfrac{\beta-c}{2\beta}\leqslant K<\dfrac{\beta-c}{\beta}$ 时：

（1）如果 $\dfrac{\delta}{2}c+\dfrac{2-\delta}{2}\beta\leqslant p_1\leqslant 1$，那么

$$V_1=\varnothing$$
$$v^*=\beta$$
$$K^*=K$$
$$p_2^*=\frac{c+\beta}{2}$$
$$\Pi_2^*=\frac{(\beta-c)^2}{4\beta}$$

（2）如果 $(2-\delta)(1-K)\beta-(1-\delta)c\leqslant p_1<\dfrac{\delta}{2}c+\dfrac{2-\delta}{2}\beta$，那么

$$V_1\neq\varnothing$$
$$v^*=\frac{2p_1-\delta c}{2-\delta}$$
$$K^*=\frac{2p_1-\delta c}{(2-\delta)\beta}-(1-K)$$
$$p_2^*=\frac{1-\delta}{2-\delta}c+\frac{1}{2-\delta}p_1$$
$$\Pi_2^*=\frac{(p_1-c)^2}{(2-\delta)^2\beta}$$

（3）如果 $(1-K)\beta\leqslant p_1<(2-\delta)(1-K)\beta-(1-\delta)c$，那么

$$V_1\neq\varnothing$$
$$v^*=\frac{p_1-(1-K)\delta\beta}{1-\delta}$$
$$K^*=\frac{p_1-(1-K)\beta}{(1-\delta)\beta}$$
$$p_2^*=(1-K)\beta$$
$$\Pi_2^*=\frac{((1-K)\beta-c)(p_1-(1-K)\beta)}{(1-\delta)\beta}$$

（4）如果 $c < p_1 < (1-K)\beta$，那么

$$V_1 \neq \varnothing$$
$$v^* = (1-K)\beta$$
$$K^* = 0$$

p_2^* 和 Π_2^* 不存在。

证明　当 $\dfrac{\beta-c}{2\beta} \leqslant K < \dfrac{\beta-c}{\beta}$ 时，如果 $v^* = \beta$，则有 $V_1 = \varnothing$，$K^* = K$。此时企业可以将第二阶段价格定为 $p_2 = \dfrac{c+\beta}{2}$ 来最大化第二阶段利润，因为企业有足够剩余能力满足这样定价带来的需求。因此，$p_2^* = \dfrac{c+\beta}{2}$，$\Pi_2^* = \dfrac{(\beta-c)^2}{4\beta}$。又因为 $\beta - p_1 \leqslant \delta\left(\beta - \dfrac{c+\beta}{2}\right)$，故 $p_1 \geqslant \dfrac{\delta}{2}c + \dfrac{2-\delta}{2}\beta$。

如果 $v^* < \beta$，企业剩余能力 K^* 可能能够满足以没有生产能力限制情形的最优价格定价时带来的需求，也可能无法满足。对于前者有以下结果：$v^* = \dfrac{2p_1 - \delta c}{2-\delta}$，$K^* = \dfrac{2p_1 - \delta c}{(2-\delta)\beta} - (1-K)$，$p_2^* = \dfrac{1-\delta}{2-\delta}c + \dfrac{1}{2-\delta}p_1$，$\Pi_2^* = \dfrac{(p_1-c)^2}{(2-\delta)^2\beta}$。在这种情形下 $\beta - p_1 < \delta\left(\beta - \dfrac{c+v^*}{2}\right)$ 且 $K^* \geqslant \dfrac{v^* - \dfrac{c+v^*}{2}}{\beta}$，于是有 $(2-\delta)(1-K)\beta - (1-\delta)c \leqslant p_1 < \dfrac{\delta}{2}c + \dfrac{2-\delta}{2}\beta$。对于后者，如果 $K^* \neq 0$，企业必须在没有生产能力限制情形的最优价格基础上提高价格，使得剩余能力刚好满足带来的需求，这需要 $K^* = \dfrac{v^* - p_2^*}{\beta}$，即 $K - \dfrac{\beta - v^*}{\beta} = \dfrac{v^* - p_2^*}{\beta}$，因此 $p_2^* = (1-K)\beta$。基于此，经过计算可以得到在这种情形下 $v^* = \dfrac{p_1 - (1-K)\delta\beta}{1-\delta}$，$K^* = \dfrac{p_1 - (1-K)\beta}{(1-\delta)\beta}$，$\Pi_2^* = \dfrac{((1-K)\beta - c)(p_1 - (1-K)\beta)}{(1-\delta)\beta}$。由于剩余能力无法满足以没有生产能力限制情形的最优价格定价时带来的需求，所以有 $K - \dfrac{\beta - v^*}{\beta} < \dfrac{v^* - \dfrac{c+v^*}{2}}{\beta}$，这意味着 $p_1 < (2-\delta)(1-K)\beta - (1-\delta)c$。而由 $K^* \neq 0$ 可得到 $K - \dfrac{\beta - v^*}{\beta} \geqslant 0$，即 $p_1 \geqslant (1-K)\beta$。当 $K^* = 0$ 时，企业生产能力在第

一阶段被完全消耗，因此 $K < \dfrac{\beta - p_1}{\beta}$，即有 $p_1 < (1 - K)\beta$。在这种情形下，$K^* = 0$，

$v^* = (1 - K)\beta$，p_2^* 和 Π_2^* 不存在。

当企业的生产能力相对充足时 $\left(\dfrac{\beta - c}{2\beta} \leqslant K < \dfrac{\beta - c}{\beta}\right)$，如果第一阶段价格相对

较高 [命题 4.2（1）、命题 4.2（2）]，那么情形将与命题 3.1 讨论的情形类似，此时第一阶段价格并不太低，在第一阶段消耗的产能有限，因此在第二阶段有足够的剩余能力满足市场需求，生产能力并未作为限制因素体现出来。然而如果第一阶段价格相对较低时 [命题 4.2（3）、命题 4.2（4）]，第一阶段消耗较多产能，剩余能力不足以满足以没有产能限制的最优价格定价时带来的需求，这时生产能力限制的约束作用就会在第二阶段表现出来。在命题 4.2（3）中，企业需要在没有生产能力限制的第二阶段最优价格基础上提高价格，以便使需求与剩余能力相当。特别地，在这种情形下的第二阶段，最优定价是生产能力的减函数而最优利润是生产能力的增函数。这是因为在生产能力体现约束影响时，较大的生产能力可以满足较多的需求，最优价格相比没有生产能力限制时提升较少，最优利润也下降得较少。在命题 4.2（4）中，由于第一阶段价格过低，企业的生产能力在第一阶段就完全消耗了。

命题 4.3 当 $0 < K < \dfrac{\beta - c}{2\beta}$ 时：

（1）如果 $(1 - \delta K)\beta \leqslant p_1 \leqslant 1$，那么

$$V_1 = \varnothing$$
$$v^* = \beta$$
$$K^* = K$$
$$p_2^* = (1 - K)\beta$$
$$\Pi_2^* = ((1 - K)\beta - c)K$$

（2）如果 $(1 - K)\beta \leqslant p_1 < (1 - \delta K)\beta$，那么

$$V_1 \neq \varnothing$$
$$v^* = \frac{p_1 - (1 - K)\delta\beta}{1 - \delta}$$
$$K^* = \frac{p_1 - (1 - K)\beta}{(1 - \delta)\beta}$$
$$p_2^* = (1 - K)\beta$$
$$\Pi_2^* = \frac{((1 - K)\beta - c)(p_1 - (1 - K)\beta)}{(1 - \delta)\beta}$$

（3）如果 $c < p_1 < (1-K)\beta$，那么

$$V_1 \neq \varnothing$$

$$v^* = (1-K)\beta$$

$$K^* = 0$$

p_2^* 和 Π_2^* 不存在。

证明　当 $0 < K < \dfrac{\beta - c}{2\beta}$ 时，如果 $v^* = \beta$，由于 $K < \dfrac{\beta - \dfrac{c+\beta}{2}}{\beta}$，即剩余能力无法满足以没有生产能力限制情形的最优价格定价时带来的需求，因此有 $K = \dfrac{\beta - p_2^*}{\beta}$，即 $p_2^* = (1-K)\beta$。此时 $K^* = K$，$\Pi_2^* = ((1-K)\beta - c)K$。此外，具有估计价值 β 的消费者在第二阶段购买具有最大的效用或者是在第一阶段购买与第二阶段购买无差异，故 $\beta - p_1 \leqslant \delta(\beta - p_2^*)$，整理即得 $p_1 \geqslant (1-\delta K)\beta$。

如果 $v^* < \beta$，并且 $K^* \neq 0$，同样地，由于 $K - \dfrac{\beta - v^*}{\beta} < \dfrac{v^* - \dfrac{c + v^*}{2}}{\beta}$，企业剩余能力无法满足以没有生产能力限制情形的最优价格定价时带来的需求，因此企业需要使剩余能力刚好满足定价带来的需求，即 $K - \dfrac{\beta - v^*}{\beta} = \dfrac{v^* - p_2^*}{\beta}$，由此得到 $p_2^* = (1-K)\beta$。此时，$v^* = \dfrac{p_1 - (1-K)\delta\beta}{1-\delta}$，$K^* = \dfrac{p_1 - (1-K)\beta}{(1-\delta)\beta}$，$\Pi_2^* = \dfrac{((1-K)\beta - c)(p_1 - (1-K)\beta)}{(1-\delta)\beta}$。又由于具有估计价值 β 的消费者选择在第一阶段购买，所以 $\beta - p_1 > \delta(\beta - p_2^*)$，而由 $K^* \neq 0$ 可知 $K - \dfrac{\beta - v^*}{\beta} > 0$，综合即得 $(1-K)\beta \leqslant p_1 < (1-\delta K)\beta$。

如果 $p_1 < (1-K)\beta$，此时 $K < \dfrac{\beta - p_1}{\beta}$，企业生产能力在第一阶段就消耗完毕，此时 $K^* = 0$，$v^* = (1-K)\beta$，p_2^* 和 Π_2^* 都不存在。

当企业的生产能力较低 $\left(0 < K < \dfrac{\beta - c}{2\beta}\right)$ 时，第二阶段最优定价和最优利润都受到了生产能力限制的影响。当第一阶段定价过低时，企业全部生产能力甚至在第一阶段就完全消耗了。

4.3.2　第一阶段分析

作为风险中性的决策者，给定各项参数值和消费者的反应，企业会以最

大化整个销售计划期的期望利润为目标来决策第一阶段价格。为了求解第一阶段的最优价格，首先要确定企业的期望利润函数。命题 4.4～命题 4.6 给出了不同参数组合下企业期望利润函数的具体形式。令 $E(\Pi)$ 为企业在整个销售计划期的期望利润，$\Pi_a = \dfrac{(\beta-c)^2}{4\beta}$，$\Pi_b = \dfrac{(p_1-c)((2-\delta)^2\beta - (1-\delta)^2 c - (3-2\delta)p_1)}{(2-\delta)^2\beta}$，

$\Pi_c = \dfrac{-p_1^2 + (2-K-\delta K)\beta p_1 - (1-K)^2\beta^2 - (1-\delta)cK\beta}{(1-\delta)\beta}$，$\quad \Pi_d = (p_1 - c)K$，

$\Pi_e = ((1-K)\beta - c)K$。

命题 4.4　当 $\dfrac{1-c}{2} \leqslant K < 1-c$ 时：

（1）如果 $p_1 \geqslant \dfrac{2-\delta+\delta c}{2}$，那么

$$E(\Pi) = \frac{1}{1-c}\int_c^1 \Pi_a \mathrm{d}\beta \tag{4.1}$$

（2）如果 $(2-\delta)(1-K) - (1-\delta)c \leqslant p_1 < \dfrac{2-\delta+\delta c}{2}$，那么

$$E(\Pi) = \frac{1}{1-c}\left(\int_c^{\frac{2p_1-\delta c}{2-\delta}} \Pi_a \mathrm{d}\beta + \int_{\frac{2p_1-\delta c}{2-\delta}}^1 \Pi_b \mathrm{d}\beta\right) \tag{4.2}$$

（3）如果 $1-K \leqslant p_1 < (2-\delta)(1-K) - (1-\delta)c$，那么

$$E(\Pi) = \frac{1}{1-c}\left(\int_c^{\frac{2p_1-\delta c}{2-\delta}} \Pi_a \mathrm{d}\beta + \int_{\frac{2p_1-\delta c}{2-\delta}}^{\frac{(1-\delta)c+p_1}{(2-\delta)(1-K)}} \Pi_b \mathrm{d}\beta + \int_{\frac{(1-\delta)c+p_1}{(2-\delta)(1-K)}}^1 \Pi_c \mathrm{d}\beta\right) \tag{4.3}$$

（4）如果 $p_1 < 1-K$，那么

$$E(\Pi) = \frac{1}{1-c}\left(\int_c^{\frac{2p_1-\delta c}{2-\delta}} \Pi_a \mathrm{d}\beta + \int_{\frac{2p_1-\delta c}{2-\delta}}^{\frac{(1-\delta)c+p_1}{(2-\delta)(1-K)}} \Pi_b \mathrm{d}\beta + \int_{\frac{(1-\delta)c+p_1}{(2-\delta)(1-K)}}^{\frac{p_1}{1-K}} \Pi_c \mathrm{d}\beta + \int_{\frac{p_1}{1-K}}^1 \Pi_d \mathrm{d}\beta\right)$$

$$\tag{4.4}$$

证明　命题 4.4 是在命题 4.1～命题 4.3 的基础上通过对 β 的积分得到的。为了便于理解，先将命题 4.1～命题 4.3 的部分结果转化为以下等价形式。

当 $\beta \leqslant \dfrac{c}{1-K}$ 时：

（1）如果 $\beta \leqslant \dfrac{2p_1-\delta c}{2-\delta}$，那么 $\Pi_2^* = \dfrac{(\beta-c)^2}{4\beta}$；

（2）如果 $\beta > \dfrac{2p_1-\delta c}{2-\delta}$，那么 $\Pi_2^* = \dfrac{(p_1-c)^2}{(2-\delta)^2\beta}$。

当 $\beta > \dfrac{c}{1-K}$ 且 $(1-2K)\beta \leqslant c$ 时：

（1）如果 $\beta \leqslant \dfrac{2p_1 - \delta c}{2-\delta}$，那么 $\Pi_2^* = \dfrac{(\beta - c)^2}{4\beta}$；

（2）如果 $\dfrac{2p_1 - \delta c}{2-\delta} < \beta \leqslant \dfrac{p_1 + (1-\delta)c}{(2-\delta)(1-K)}$，那么 $\Pi_2^* = \dfrac{(p_1 - c)^2}{(2-\delta)^2 \beta}$；

（3）如果 $\dfrac{p_1 + (1-\delta)c}{(2-\delta)(1-K)} < \beta \leqslant \dfrac{p_1}{1-K}$，那么 $\Pi_2^* = \dfrac{((1-K)\beta - c)(p_1 - (1-K)\beta)}{(1-\delta)\beta}$；

（4）如果 $\beta > \dfrac{p_1}{1-K}$，那么 Π_2^* 不存在。

当 $(1-2K)\beta > c$ 时：

（1）如果 $\beta \leqslant \dfrac{p_1}{1-\delta K}$，那么 $\Pi_2^* = ((1-K)\beta - c)K$；

（2）如果 $\dfrac{p_1}{1-\delta K} < \beta \leqslant \dfrac{p_1}{1-K}$，那么 $\Pi_2^* = \dfrac{((1-K)\beta - c)(p_1 - (1-K)\beta)}{(1-\delta)\beta}$；

（3）如果 $\beta > \dfrac{p_1}{1-K}$，那么 Π_2^* 不存在。

显然，当 $K \geqslant \dfrac{1-c}{2}$ 时，$(1-2K)\beta > c$ 的情形不会出现。容易验证，以下不等式关系存在：$\dfrac{c}{1-K} < \dfrac{(1-\delta)c + p_1}{(2-\delta)(1-K)} < \dfrac{p_1}{1-K}$。

如果 $p_1 \geqslant \dfrac{2-\delta + \delta c}{2}$，则有 $\dfrac{2p_1 - \delta c}{2-\delta} \geqslant 1$。而 $\dfrac{2-\delta + \delta c}{2} > (2-\delta)(1-K) - (1-\delta)c$，故 $p_1 > (2-\delta)(1-K) - (1-\delta)c$，即 $\dfrac{(1-\delta)c + p_1}{(2-\delta)(1-K)} > 1$。此时，无论在 $\beta \leqslant \dfrac{c}{1-K}$ 或者 $\beta > \dfrac{c}{1-K}$ 且 $(1-2K)\beta \leqslant c$ 的情形下，都只有（1）能够发生，因此

$$E(\Pi) = \int_c^{\frac{c}{1-K}} \frac{\Pi_a}{1-c} \mathrm{d}\beta + \int_{\frac{c}{1-K}}^1 \frac{\Pi_a}{1-c} \mathrm{d}\beta = \int_c^1 \frac{\Pi_a}{1-c} \mathrm{d}\beta$$

如果 $(2-\delta)(1-K) - (1-\delta)c \leqslant p_1 < \dfrac{2-\delta + \delta c}{2}$，则有 $\dfrac{(1-\delta)c + p_1}{(2-\delta)(1-K)} \geqslant 1$ 且 $\dfrac{2p_1 - \delta c}{2-\delta} < 1$。此时 $\beta > \dfrac{c}{1-K}$ 且 $(1-2K)\beta \leqslant c$ 情形下的（3）、（4）不会出现。而无论 $\dfrac{2p_1 - \delta c}{2-\delta} \geqslant \dfrac{c}{1-K}$ 还是 $\dfrac{2p_1 - \delta c}{2-\delta} < \dfrac{c}{1-K}$ 都会产生同样的结果，因为：

当 $\dfrac{2p_1 - \delta c}{2-\delta} < \dfrac{c}{1-K}$ 时，那么

$$E(\Pi) = \int_c^{\frac{2p_1-\delta c}{2-\delta}} \frac{\Pi_a}{1-c} \mathrm{d}\beta + \int_{\frac{2p_1-\delta c}{2-\delta}}^{\frac{c}{1-K}} \frac{\Pi_b}{1-c} \mathrm{d}\beta + \int_{\frac{c}{1-K}}^1 \frac{\Pi_b}{1-c} \mathrm{d}\beta$$

$$= \int_c^{\frac{2p_1-\delta c}{2-\delta}} \frac{\Pi_a}{1-c} \mathrm{d}\beta + \int_{\frac{2p_1-\delta c}{2-\delta}}^1 \frac{\Pi_b}{1-c} \mathrm{d}\beta$$

当 $\dfrac{2p_1-\delta c}{2-\delta} \geqslant \dfrac{c}{1-K}$ 时，那么

$$E(\Pi) = \int_c^{\frac{c}{1-K}} \frac{\Pi_a}{1-c} \mathrm{d}\beta + \int_{\frac{c}{1-K}}^{\frac{2p_1-\delta c}{2-\delta}} \frac{\Pi_a}{1-c} \mathrm{d}\beta + \int_{\frac{2p_1-\delta c}{2-\delta}}^1 \frac{\Pi_b}{1-c} \mathrm{d}\beta$$

$$= \int_c^{\frac{2p_1-\delta c}{2-\delta}} \frac{\Pi_a}{1-c} \mathrm{d}\beta + \int_{\frac{2p_1-\delta c}{2-\delta}}^1 \frac{\Pi_b}{1-c} \mathrm{d}\beta$$

如果 $1-K \leqslant p_1 < (2-\delta)(1-K)-(1-\delta)c$ ，则 $\beta > \dfrac{c}{1-K}$ 且 $(1-2K)\beta \leqslant c$ 情形下的（4）不会出现。此时 $\dfrac{(1-\delta)c+p_1}{(2-\delta)(1-K)} < 1$ ， $\dfrac{p_1}{1-K} \geqslant 1$ 。又由于 $K \geqslant \dfrac{1-c}{2}$ 且 $p_1 < (2-\delta)(1-K)-(1-\delta)c$ ，所以 $\dfrac{2p_1-\delta c}{2-\delta} < \dfrac{p_1+(1-\delta c)}{(2-\delta)(1-K)}$ 。而无论 $\dfrac{2p_1-\delta c}{2-\delta} \geqslant \dfrac{c}{1-K}$ 还是 $\dfrac{2p_1-\delta c}{2-\delta} < \dfrac{c}{1-K}$ 都没有影响，因此

$$E(\Pi) = \int_c^{\frac{2p_1-\delta c}{2-\delta}} \frac{\Pi_a}{1-c} \mathrm{d}\beta + \int_{\frac{2p_1-\delta c}{2-\delta}}^{\frac{p_1+(1-\delta c)}{(2-\delta)(1-K)}} \frac{\Pi_b}{1-c} \mathrm{d}\beta + \int_{\frac{p_1+(1-\delta c)}{(2-\delta)(1-K)}}^1 \frac{\Pi_c}{1-c} \mathrm{d}\beta$$

如果 $p_1 < 1-K$ ，那么 $\dfrac{p_1}{1-K} < 1$ 。又因为 $\dfrac{2p_1-\delta c}{2-\delta} < \dfrac{p_1+(1-\delta c)}{(2-\delta)(1-K)}$ 且无论 $\dfrac{2p_1-\delta c}{2-\delta} \geqslant \dfrac{c}{1-K}$ 还是 $\dfrac{2p_1-\delta c}{2-\delta} < \dfrac{c}{1-K}$ 都没有影响，所以

$$E(\Pi) = \int_c^{\frac{2p_1-\delta c}{2-\delta}} \frac{\Pi_a}{1-c} \mathrm{d}\beta + \int_{\frac{2p_1-\delta c}{2-\delta}}^{\frac{p_1+(1-\delta c)}{(2-\delta)(1-K)}} \frac{\Pi_b}{1-c} \mathrm{d}\beta + \int_{\frac{p_1+(1-\delta c)}{(2-\delta)(1-K)}}^{\frac{p_1}{1-K}} \frac{\Pi_c}{1-c} \mathrm{d}\beta + \int_{\frac{p_1}{1-K}}^1 \frac{\Pi_d}{1-c} \mathrm{d}\beta$$

命题 4.5　当 $\dfrac{3-\delta c-\sqrt{1+8c-6\delta c+\delta^2 c^2}}{4} \leqslant K < \dfrac{1-c}{2}$ 时：

（1）如果 $1-\delta K \leqslant p_1 \leqslant 1$ ，那么

$$E(\Pi) = \frac{1}{1-c}\left(\int_c^{\frac{c}{1-2K}} \Pi_a \mathrm{d}\beta + \int_{\frac{c}{1-2K}}^1 \Pi_e \mathrm{d}\beta \right) \tag{4.5}$$

（2）如果 $\dfrac{1-\delta K}{1-2K}c \leqslant p_1 < 1-\delta K$ ，那么

$$E(\Pi) = \frac{1}{1-c}\left(\int_c^{\frac{c}{1-2K}} \Pi_a \mathrm{d}\beta + \int_{\frac{c}{1-2K}}^{\frac{p_1}{1-\delta K}} \Pi_e \mathrm{d}\beta + \int_{\frac{p_1}{1-\delta K}}^1 \Pi_c \mathrm{d}\beta \right) \tag{4.6}$$

（3）如果 $1-K \leqslant p_1 < \dfrac{1-\delta K}{1-2K}c$，那么

$$E(\Pi) = \frac{1}{1-c}\left(\int_c^{\frac{2p_1-\delta c}{2-\delta}} \Pi_a \mathrm{d}\beta + \int_{\frac{2p_1-\delta c}{2-\delta}}^{\frac{(1-\delta)c+p_1}{(2-\delta)(1-K)}} \Pi_b \mathrm{d}\beta + \int_{\frac{(1-\delta)c+p_1}{(2-\delta)(1-K)}}^1 \Pi_c \mathrm{d}\beta \right) \quad (4.7)$$

（4）如果 $c \leqslant p_1 < 1-K$，那么

$$E(\Pi) = \frac{1}{1-c}\left(\int_c^{\frac{2p_1-\delta c}{2-\delta}} \Pi_a \mathrm{d}\beta + \int_{\frac{2p_1-\delta c}{2-\delta}}^{\frac{(1-\delta)c+p_1}{(2-\delta)(1-K)}} \Pi_b \mathrm{d}\beta + \int_{\frac{(1-\delta)c+p_1}{(2-\delta)(1-K)}}^{\frac{p_1}{1-K}} \Pi_c \mathrm{d}\beta + \int_{\frac{p_1}{1-K}}^1 \Pi_d \mathrm{d}\beta \right) \quad (4.8)$$

证明　当 $K < \dfrac{1-c}{2}$ 时，有 $1-\delta K > \dfrac{2-\delta+\delta c}{2}$。因此，如果 $p_1 \geqslant 1-\delta K$，那么

$p_1 > \dfrac{2-\delta+\delta c}{2}$，同时还有 $p_1 > 1-K$，即 $\dfrac{p_1}{1-\delta K} \geqslant 1$，$\dfrac{p_1}{1-K} > 1$，$\dfrac{2p_1-\delta c}{2-\delta} > 1$。又

由于 $K < \dfrac{1-c}{2}$，所以 $\dfrac{(1-\delta)c+p_1}{(2-\delta)(1-K)} > \dfrac{c}{1-2K}$。因此，在 $\beta \leqslant \dfrac{c}{1-K}$，$\dfrac{c}{1-K} < \beta \leqslant \dfrac{c}{1-2K}$

及 $\beta > \dfrac{c}{1-2K}$ 的情形下都只有（1）能够出现，所以

$$E(\Pi) = \int_c^{\frac{c}{1-K}} \frac{\Pi_a}{1-c}\mathrm{d}\beta + \int_{\frac{c}{1-K}}^{\frac{c}{1-2K}} \frac{\Pi_a}{1-c}\mathrm{d}\beta + \int_{\frac{c}{1-2K}}^1 \frac{\Pi_e}{1-c}\mathrm{d}\beta$$

$$= \int_c^{\frac{c}{1-2K}} \frac{\Pi_a}{1-c}\mathrm{d}\beta + \int_{\frac{c}{1-2K}}^1 \frac{\Pi_e}{1-c}\mathrm{d}\beta$$

如果 $\dfrac{2-\delta+\delta c}{2} \leqslant p_1 < 1-\delta K$，那么 $\dfrac{c}{1-2K} < \dfrac{(1-\delta)c+p_1}{(2-\delta)(1-K)} < \dfrac{p_1}{1-\delta K} < 1$，

$\dfrac{p_1}{1-K} > 1$，$\dfrac{2p_1-\delta c}{2-\delta} > 1$。因此，只有在 $\beta \leqslant \dfrac{c}{1-K}$，$\dfrac{c}{1-K} < \beta \leqslant \dfrac{c}{1-2K}$ 情形中的

（1）及 $\beta > \dfrac{c}{1-2K}$ 的情形下的（1）、（2）能够出现，所以

$$E(\Pi) = \int_c^{\frac{c}{1-K}} \frac{\Pi_a}{1-c}\mathrm{d}\beta + \int_{\frac{c}{1-K}}^{\frac{c}{1-2K}} \frac{\Pi_a}{1-c}\mathrm{d}\beta + \int_{\frac{c}{1-2K}}^{\frac{p_1}{1-\delta K}} \frac{\Pi_e}{1-c}\mathrm{d}\beta + \int_{\frac{p_1}{1-\delta K}}^1 \frac{\Pi_c}{1-c}\mathrm{d}\beta$$

$$= \int_c^{\frac{c}{1-2K}} \frac{\Pi_a}{1-c}\mathrm{d}\beta + \int_{\frac{c}{1-2K}}^{\frac{p_1}{1-\delta K}} \frac{\Pi_e}{1-c}\mathrm{d}\beta + \int_{\frac{p_1}{1-\delta K}}^1 \frac{\Pi_c}{1-c}\mathrm{d}\beta$$

当 $\dfrac{3-\delta c-\sqrt{1+8c-6\delta c+\delta^2 c^2}}{4} \leqslant K < \dfrac{1-c}{2}$ 时，$1-K \leqslant \dfrac{1-\delta K}{1-2K}c$，如果

$\dfrac{1-\delta K}{1-2K}c \leqslant p_1 < \dfrac{2-\delta+\delta c}{2}$，那么 $\dfrac{c}{1-2K} \leqslant \dfrac{(1-\delta)c+p_1}{(2-\delta)(1-K)} \leqslant \dfrac{p_1}{1-\delta K} \leqslant \dfrac{2p_1-\delta c}{2-\delta} < 1$，

$\dfrac{p_1}{1-K}>1$。因此，只有在 $\beta\leqslant\dfrac{c}{1-K}$，$\dfrac{c}{1-K}<\beta\leqslant\dfrac{c}{1-2K}$ 情形中的（1）及 $\beta>\dfrac{c}{1-2K}$ 的情形下的（1）、（2）能够出现，所以

$$E(\Pi)=\int_c^{\frac{c}{1-K}}\frac{\Pi_a}{1-c}\mathrm{d}\beta+\int_{\frac{c}{1-K}}^{\frac{c}{1-2K}}\frac{\Pi_a}{1-c}\mathrm{d}\beta+\int_{\frac{c}{1-2K}}^{\frac{p_1}{1-\delta K}}\frac{\Pi_e}{1-c}\mathrm{d}\beta+\int_{\frac{p_1}{1-\delta K}}^1\frac{\Pi_c}{1-c}\mathrm{d}\beta$$

$$=\int_c^{\frac{c}{1-2K}}\frac{\Pi_a}{1-c}\mathrm{d}\beta+\int_{\frac{c}{1-2K}}^{\frac{p_1}{1-\delta K}}\frac{\Pi_e}{1-c}\mathrm{d}\beta+\int_{\frac{p_1}{1-\delta K}}^1\frac{\Pi_c}{1-c}\mathrm{d}\beta$$

如果 $1-K\leqslant p_1<\dfrac{1-\delta K}{1-2K}c$，那么 $\dfrac{2p_1-\delta c}{2-\delta}<\dfrac{p_1}{1-\delta K}<\dfrac{(1-\delta)c+p_1}{(2-\delta)(1-K)}<\dfrac{c}{1-2K}$，

$\dfrac{p_1}{1-K}\geqslant1$。此时 $\dfrac{c}{1-K}<\beta\leqslant\dfrac{c}{1-2K}$ 情形中的（4）及 $\beta>\dfrac{c}{1-2K}$ 情形下的（1）、（3）不可能出现，所以有

$$E(\Pi)=\int_c^{\frac{2p_1-\delta c}{2-\delta}}\frac{\Pi_a}{1-c}\mathrm{d}\beta+\int_{\frac{2p_1-\delta c}{2-\delta}}^{\frac{(1-\delta)c+p_1}{(2-\delta)(1-K)}}\frac{\Pi_b}{1-c}\mathrm{d}\beta+\int_{\frac{(1-\delta)c+p_1}{(2-\delta)(1-K)}}^1\frac{\Pi_c}{1-c}\mathrm{d}\beta$$

如果 $p_1<1-K$，那么有 $\dfrac{2p_1-\delta c}{2-\delta}<\dfrac{p_1}{1-\delta K}<\dfrac{(1-\delta)c+p_1}{(2-\delta)(1-K)}<\dfrac{c}{1-2K}$，$\dfrac{p_1}{1-K}>1$。

此时 $\beta>\dfrac{c}{1-2K}$ 情形下的（1）不会出现，而 $\dfrac{p_1}{1-K}\geqslant\dfrac{c}{1-2K}$ 与 $\dfrac{p_1}{1-K}<\dfrac{c}{1-2K}$ 产生同样的结果，所以

$$E(\Pi)=\int_c^{\frac{2p_1-\delta c}{2-\delta}}\frac{\Pi_a}{1-c}\mathrm{d}\beta+\int_{\frac{2p_1-\delta c}{2-\delta}}^{\frac{(1-\delta)c+p_1}{(2-\delta)(1-K)}}\frac{\Pi_b}{1-c}\mathrm{d}\beta+\int_{\frac{(1-\delta)c+p_1}{(2-\delta)(1-K)}}^{\frac{p_1}{1-K}}\frac{\Pi_c}{1-c}\mathrm{d}\beta+\int_{\frac{p_1}{1-K}}^1\frac{\Pi_d}{1-c}\mathrm{d}\beta$$

命题 4.6 当 $0<K<\dfrac{3-\delta c-\sqrt{1+8c-6\delta c+\delta^2c^2}}{4}$ 时：

（1）如果 $1-\delta K\leqslant p_1\leqslant1$，那么

$$E(\Pi)=\frac{1}{1-c}\left(\int_c^{\frac{c}{1-2K}}\Pi_a\mathrm{d}\beta+\int_{\frac{c}{1-2K}}^1\Pi_e\mathrm{d}\beta\right) \tag{4.9}$$

（2）如果 $1-K\leqslant p_1<1-\delta K$，那么

$$E(\Pi)=\frac{1}{1-c}\left(\int_c^{\frac{c}{1-2K}}\Pi_a\mathrm{d}\beta+\int_{\frac{c}{1-2K}}^{\frac{p_1}{1-\delta K}}\Pi_e\mathrm{d}\beta+\int_{\frac{p_1}{1-\delta K}}^1\Pi_c\mathrm{d}\beta\right) \tag{4.10}$$

（3）如果 $\dfrac{1-\delta K}{1-2K}c\leqslant p_1<1-K$，那么

$$E(\Pi)=\frac{1}{1-c}\left(\int_c^{\frac{c}{1-2K}}\Pi_a\mathrm{d}\beta+\int_{\frac{c}{1-2K}}^{\frac{p_1}{1-\delta K}}\Pi_e\mathrm{d}\beta+\int_{\frac{p_1}{1-\delta K}}^{\frac{p_1}{1-K}}\Pi_c\mathrm{d}\beta+\int_{\frac{p_1}{1-K}}^1\Pi_d\mathrm{d}\beta\right) \tag{4.11}$$

（4）如果 $c < p_1 < \dfrac{1-\delta K}{1-2K}c$，那么

$$E(\Pi) = \frac{1}{1-c}\left(\int_c^{\frac{2p_1-\delta c}{2-\delta}} \Pi_a \mathrm{d}\beta + \int_{\frac{2p_1-\delta c}{2-\delta}}^{\frac{(1-\delta)c+p_1}{(2-\delta)(1-K)}} \Pi_b \mathrm{d}\beta + \int_{\frac{(1-\delta)c+p_1}{(2-\delta)(1-K)}}^{\frac{p_1}{1-K}} \Pi_c \mathrm{d}\beta + \int_{\frac{p_1}{1-K}}^1 \Pi_d \mathrm{d}\beta \right)$$

$$(4.12)$$

证明　当 $0 < K < \dfrac{3-\delta c - \sqrt{1+8c-6\delta c + \delta^2 c^2}}{4}$ 时，$1-K > \dfrac{1-\delta K}{1-2K}c$。如果

$p_1 \geqslant 1-\delta K$，情形与 $\dfrac{3-\delta c - \sqrt{1+8c-6\delta c + \delta^2 c^2}}{4} \leqslant K < \dfrac{1-c}{2}$ 相同。

如果 $1-K \leqslant p_1 < 1-\delta K$，则有 $\dfrac{c}{1-2K} < \dfrac{(1-\delta)c+p_1}{(2-\delta)(1-K)} < \dfrac{p_1}{1-\delta K} < 1$。又因为

$\dfrac{2p_1-\delta c}{2-\delta} > \dfrac{c}{1-2K}$，$\dfrac{p_1}{1-K} \geqslant 1$，所以只有在 $\beta \leqslant \dfrac{c}{1-K}$，$\dfrac{c}{1-K} < \beta \leqslant \dfrac{c}{1-2K}$ 情形

中的（1）及 $\beta > \dfrac{c}{1-2K}$ 的情形下的（1）、（2）能够出现，所以

$$E(\Pi) = \int_c^{\frac{c}{1-K}} \frac{\Pi_a}{1-c}\mathrm{d}\beta + \int_{\frac{c}{1-K}}^{\frac{c}{1-2K}} \frac{\Pi_a}{1-c}\mathrm{d}\beta + \int_{\frac{c}{1-2K}}^{\frac{p_1}{1-\delta K}} \frac{\Pi_e}{1-c}\mathrm{d}\beta + \int_{\frac{p_1}{1-\delta K}}^1 \frac{\Pi_c}{1-c}\mathrm{d}\beta$$

$$= \int_c^{\frac{c}{1-2K}} \frac{\Pi_a}{1-c}\mathrm{d}\beta + \int_{\frac{c}{1-2K}}^{\frac{p_1}{1-\delta K}} \frac{\Pi_e}{1-c}\mathrm{d}\beta + \int_{\frac{p_1}{1-\delta K}}^1 \frac{\Pi_c}{1-c}\mathrm{d}\beta$$

如果 $\dfrac{1-\delta K}{1-2K}c \leqslant p_1 < 1-K$，则有 $\dfrac{c}{1-2K} \leqslant \dfrac{(1-\delta)c+p_1}{(2-\delta)(1-K)} \leqslant \dfrac{p_1}{1-\delta K} < \dfrac{p_1}{1-K} < 1$，

又因为 $\dfrac{2p_1-\delta c}{2-\delta} > \dfrac{c}{1-2K}$，所以只有在 $\beta \leqslant \dfrac{c}{1-K}$，$\dfrac{c}{1-K} < \beta \leqslant \dfrac{c}{1-2K}$ 情形中的（1）

及 $\beta > \dfrac{c}{1-2K}$ 的情形下的（1）、（2）、（3）能够出现，所以

$$E(\Pi) = \int_c^{\frac{c}{1-2K}} \frac{\Pi_a}{1-c}\mathrm{d}\beta + \int_{\frac{c}{1-2K}}^{\frac{p_1}{1-\delta K}} \frac{\Pi_e}{1-c}\mathrm{d}\beta + \int_{\frac{p_1}{1-\delta K}}^{\frac{p_1}{1-K}} \frac{\Pi_c}{1-c}\mathrm{d}\beta + \int_{\frac{p_1}{1-K}}^1 \frac{\Pi_d}{1-c}\mathrm{d}\beta$$

如果 $p_1 < \dfrac{1-\delta K}{1-2K}c$，那么 $\dfrac{2p_1-\delta c}{2-\delta} < \dfrac{p_1}{1-\delta K} < \dfrac{(1-\delta)c+p_1}{(2-\delta)(1-K)} < \dfrac{c}{1-2K}$，且

$\dfrac{p_1}{1-K} < 1$。此时 $\beta > \dfrac{c}{1-2K}$ 情形下的（1）不会出现，而 $\dfrac{p_1}{1-K} \geqslant \dfrac{c}{1-2K}$ 与

$\dfrac{p_1}{1-K} < \dfrac{c}{1-2K}$ 产生同样的结果，所以

$$E(\Pi) = \int_c^{\frac{2p_1-\delta c}{2-\delta}} \frac{\Pi_a}{1-c}\mathrm{d}\beta + \int_{\frac{2p_1-\delta c}{2-\delta}}^{\frac{(1-\delta)c+p_1}{(2-\delta)(1-K)}} \frac{\Pi_b}{1-c}\mathrm{d}\beta + \int_{\frac{(1-\delta)c+p_1}{(2-\delta)(1-K)}}^{\frac{p_1}{1-K}} \frac{\Pi_c}{1-c}\mathrm{d}\beta + \int_{\frac{p_1}{1-K}}^1 \frac{\Pi_d}{1-c}\mathrm{d}\beta$$

第一阶段最优定价即为 $p_1^* = \arg\max E(\Pi)$ 。企业的期望利润函数是一个关于第一阶段价格有较多分段的函数，而不同参数下期望利润函数的分段各不相同，且每个分段的函数形式较为复杂，很难验证是否为单峰函数，因此很难得到第一阶段最优价格完整的解析形式。传统算法在解决此类问题时其求解效果对于问题特征依赖较大，故采用遗传算法来计算第一阶段的近似最优定价。下面介绍采用遗传算法的主要步骤：

（1）编码（encoding）：对 p_1 在 $(c, 1]$ 中采用二进制（binary）编码。根据期望的解的精度决定染色体（chromosome）的长度。

（2）产生初始种群（generating initial population）：染色体的每一位（bit）都以 0.5 的概率从 0 和 1 中采取。染色体数量为种群规模，为事先给定的偶数。

（3）解码（decoding）和计算适应值（calculating fitness value）：将每条染色体都转化为十进制（decimal）表达形式，其适应值定义为当 p_1 等于该染色体十进制表达形式的值时 $E(\Pi)$ 的函数值。

（4）选择（selection）：根据适应值函数去掉最差的个体，最优个体直接进入新种群，并自我复制，因此占据新种群两席。对于剩余的个体，施行轮盘赌选择法（roulette wheel selection）决定进入新种群的染色体。

（5）配对（mating）：在新种群中实行随机配对。

（6）交叉（crossover）：在染色体对中随机抽取进行交叉的染色体对，并随机选取交叉点。

（7）变异（mutation）：以给定的概率随机选取变异点。

通过以上步骤产生一个新种群，并不断迭代，直至给定的迭代次数。

4.4　需求强度信息的价值

同 3.4 节的内容类似，本节研究当企业通过采取市场调查等措施获得需求强度的真实信息时，第一阶段最优价格和企业的最优利润（命题 4.7），及需求强度信息的价值（命题 4.8）。

4.4.1　需求强度真实值已知的情形

当采取有效的市场调查等措施后，企业在第一阶段定价决策前就可以得知市场需求强度的真实信息，命题 4.7 给出了不同情形下企业的第一阶段最优定价和整个销售计划期的最优利润。

命题 4.7 令 p_1^{**} 为企业获得需求强度真实信息后第一阶段最优定价，Π^{**} 为相应的企业最优利润。则有

（1）当 $\dfrac{\left(6-4\delta+\delta\sqrt{(1-\delta)(3-2\delta)}\right)(\beta-c)}{(3+\delta)(3-2\delta)\beta}\leqslant K<1-c$ 时，

$$p_1^{**}=\frac{(2-\delta)^2\beta+(2-\delta^2)c}{2(3-2\delta)} \qquad (4.13)$$

$$\varPi^{**}=\frac{(2-\delta)^2(\beta-c)^2}{4(3-2\delta)\beta} \qquad (4.14)$$

（2）当 $0<K<\dfrac{\left(6-4\delta+\delta\sqrt{(1-\delta)(3-2\delta)}\right)(\beta-c)}{(3+\delta)(3-2\delta)\beta}$ 时，

$$p_1^{**}=\left(1-\frac{1+\delta}{2}K\right)\beta \qquad (4.15)$$

$$\varPi^{**}=\frac{4(\beta-c)-(3+\delta)\beta K}{4}K \qquad (4.16)$$

证明　显然，期望利润函数是分段函数，在求解最大值时需要先求出各段的局部极大值，然后进行相互比较。

（1）当 $\dfrac{\beta-c}{\beta}\leqslant K<1-c$ 时：

如果 $\dfrac{\delta}{2}c+\dfrac{2-\delta}{2}\beta\leqslant p_1\leqslant 1$，企业获得利润

$$\varPi_{11}=\frac{(\beta-c)^2}{4\beta}$$

如果 $c<p_1<\dfrac{\delta}{2}c+\dfrac{2-\delta}{2}\beta$，企业获得利润

$$\varPi_{12}=\frac{(p_1-c)\left((2-\delta)^2\beta-(3-2\delta)p_1-(1-\delta)^2c\right)}{(2-\delta)^2\beta}$$

由于 $\dfrac{\partial^2\varPi_{12}}{\partial p_1^2}=-\dfrac{2(3-2\delta)}{(2-\delta)^2\beta}<0$，根据一阶条件，得到 $p_{1\varPi_{12}}^*=\dfrac{(2-\delta)^2\beta+(2-\delta^2)c}{2(3-2\delta)}$。

易知 $c<p_{1\varPi_{12}}^*<\dfrac{\delta}{2}c+\dfrac{2-\delta}{2}\beta$。

显然，$\varPi_{12}\big|_{p_1=\frac{\delta}{2}c+\frac{2-\delta}{2}\beta}=\dfrac{(\beta-c)^2}{4\beta}=\varPi_{11}$，因此 $p_1^{**}=p_{1\varPi_{12}}^*=\dfrac{(2-\delta)^2\beta+(2-\delta^2)c}{2(3-2\delta)}$，

（2）当 $\dfrac{\beta-c}{2\beta}\leqslant K<\dfrac{\beta-c}{\beta}$ 时：

如果 $\dfrac{\delta}{2}c+\dfrac{2-\delta}{2}\beta\leqslant p_1\leqslant 1$，企业获得利润

$$\Pi_{21} = \frac{(\beta - c)^2}{4\beta}$$

如果 $(2-\delta)(1-K)\beta - (1-\delta)c \leq p_1 < \dfrac{\delta}{2}c + \dfrac{2-\delta}{2}\beta$，企业获得利润

$$\Pi_{22} = \frac{(p_1 - c)((2-\delta)^2\beta - (3-2\delta)p_1 - (1-\delta)^2 c)}{(2-\delta)^2\beta}$$

根据一阶条件，$p_{1\Pi_{22}}^* = \dfrac{(2-\delta)^2\beta + (2-\delta^2)c}{2(3-2\delta)}$。如果 $\dfrac{\beta-c}{2\beta} \leq K < \dfrac{(4-3\delta)(\beta-c)}{2(3-2\delta)\beta}$，

那么 $p_{1\Pi_{22}}^* > (2-\delta)(1-K)\beta - (1-\delta)c$；如果 $\dfrac{(4-3\delta)(\beta-c)}{2(3-2\delta)\beta} \leq K < \dfrac{\beta-c}{\beta}$，

那么有 $p_{1\Pi_{22}}^* \leq (2-\delta)(1-K)\beta - (1-\delta)c$。此外，$\Pi_{22}\big|_{p_1 = \frac{\delta}{2}c + \frac{2-\delta}{2}\beta} = \dfrac{(\beta-c)^2}{4\beta} = \Pi_{21}$，

$\Pi_{22}\big|_{p_1 = (2-\delta)(1-K)\beta - (1-\delta)c} = \dfrac{((3-2\delta)\beta K - (1-\delta)(\beta-c))((1-K)\beta - c)}{\beta}$。

如果 $(1-K)\beta \leq p_1 < (2-\delta)(1-K)\beta - (1-\delta)c$，企业获得利润

$$\Pi_{23} = \frac{-p_1^2 + (2-K-\delta K)\beta p_1 - \beta(\beta K^2 - (2\beta - c + \delta c)K + \beta)}{(1-\delta)\beta}$$

由于 $\dfrac{\partial^2 \Pi_{23}}{\partial p_1^2} = -\dfrac{2}{(1-\delta)\beta} < 0$，根据一阶条件，$p_{1\Pi_{23}}^* = \dfrac{2-K-\delta K}{2}\beta$。易知，

$p_{1\Pi_{23}}^* > (1-K)\beta$。如果 $\dfrac{\beta-c}{2\beta} \leq K < \dfrac{2(\beta-c)}{3\beta}$，那么 $p_{1\Pi_{23}}^* < (2-\delta)(1-K)\beta - (1-\delta)c$；

如果 $\dfrac{2(\beta-c)}{3\beta} \leq K < \dfrac{\beta-c}{\beta}$，那么 $p_{1\Pi_{23}}^* \geq (2-\delta)(1-K)\beta - (1-\delta)c$。此外，

$\Pi_{23}\big|_{p_1 = (1-K)\beta} = ((1-K)\beta - c)K$；$\Pi_{23}\big|_{p_1 = (2-\delta)(1-K)\beta - (1-\delta)c} = \dfrac{((3-2\delta)\beta K - (1-\delta)(\beta-c))((1-K)\beta - c)}{\beta}$。

如果 $c < p_1 < (1-K)\beta$，企业获得利润 $\Pi_{24} = (p_1 - c)K$，显然 Π_{24} 的上界为

$((1-K)\beta - c)K$。

综上，当 $\dfrac{\beta-c}{2\beta} \leq K < \dfrac{(4-3\delta)(\beta-c)}{2(3-2\delta)\beta}$ 时，$p_1^{**} = p_{1\Pi_{23}}^* = \dfrac{2-K-\delta K}{2}\beta$；当

$\dfrac{2(\beta-c)}{3\beta} \leq K < \dfrac{\beta-c}{\beta}$ 时，$p_1^{**} = p_{1\Pi_{22}}^* = \dfrac{(2-\delta)^2\beta + (2-\delta^2)c}{2(3-2\delta)}$。特别地，当

$\dfrac{(4-3\delta)(\beta-c)}{2(3-2\delta)\beta} \leq K < \dfrac{2(\beta-c)}{3\beta}$ 时，需要比较 $\Pi_{22}\big|_{p_1 = p_{1\Pi_{22}}^*}$ 和 $\Pi_{23}\big|_{p_1 = p_{1\Pi_{23}}^*}$。易知，当

$\dfrac{(4-3\delta)(\beta-c)}{2(3-2\delta)\beta}\leqslant K<\dfrac{(6-4\delta+\delta\sqrt{(1-\delta)(3-2\delta)})(\beta-c)}{(3+\delta)(3-2\delta)\beta}$ 时 $\Pi_{22}\big|_{p_1=p_{1\Pi_{22}}^{\ast}}<\Pi_{23}\big|_{p_1=p_{1\Pi_{23}}^{\ast}}$ ，

$p_1^{\ast\ast}=p_{1\Pi_{23}}^{\ast}=\dfrac{2-K-\delta K}{2}\beta$ ； $\dfrac{(6-4\delta+\delta\sqrt{(1-\delta)(3-2\delta)})(\beta-c)}{(3+\delta)(3-2\delta)\beta}\leqslant K<\dfrac{2(\beta-c)}{3\beta}$ 时

$\Pi_{22}\big|_{p_1=p_{1\Pi_{22}}^{\ast}}\geqslant\Pi_{23}\big|_{p_1=p_{1\Pi_{23}}^{\ast}}$ ， $p_1^{\ast\ast}=p_{1\Pi_{22}}^{\ast}=\dfrac{(2-\delta)^2\beta+(2-\delta^2)c}{2(3-2\delta)}$ 。

（3）当 $0<K\leqslant\dfrac{\beta-c}{2\beta}$ 时：

如果 $(1-\delta K)\beta\leqslant p_1\leqslant1$ ，企业获得利润

$$\Pi_{31}=((1-K)\beta-c)K$$

如果 $(1-K)\beta\leqslant p_1<(1-\delta K)\beta$ ，企业获得利润

$$\Pi_{32}=\frac{-p_1^2+(2-K-\delta K)\beta p_1-\beta(\beta K^2-(2\beta-c+\delta c)K+\beta)}{(1-\delta)\beta}$$

由于 $\dfrac{\partial^2\Pi_{32}}{\partial p_1^2}=-\dfrac{2}{(1-\delta)\beta}<0$ ，由一阶条件得 $p_{1\Pi_{32}}^{\ast}=\dfrac{2-K-\delta K}{2}\beta$ 。

显然，$(1-K)\beta<p_{1\Pi_{32}}^{\ast}<(1-\delta K)\beta$ 。此外，$\Pi_{32}\big|_{p_1=(1-\delta K)\beta}=((1-K)\beta-c)K$ ，

$\Pi_{32}\big|_{p_1=(1-K)\beta}=((1-K)\beta-c)K$ 。

如果 $c<p_1<(1-K)\beta$ ，企业获得利润 $\Pi_{33}=(p_1-c)K$ ，此时利润的上界为 $((1-K)\beta-c)K$ 。

综上，当 $0<K\leqslant\dfrac{\beta-c}{2\beta}$ 时，$p_1^{\ast\ast}=p_{1\Pi_{32}}^{\ast}$ ， $\Pi^{\ast\ast}=\Pi_{32}\big|_{p_1=p_{1\Pi_{32}}^{\ast}}$ 。

当企业获知需求强度的真实值后，在决策第一阶段价格时需要注意既不应该定价太高导致第一阶段没有消费者购买，也不应该定价太低使得所有生产能力在第一阶段完全消耗。

4.4.2 需求强度信息的价值

利用本章的符号，需求强度的价值可以表示为 $\mathrm{EV}=E_{\Pi^{\ast\ast}}(p_1^{\ast\ast})-E_{\Pi}(p_1^{\ast})$ 。下面利用命题 4.8 来讨论企业采取获知需求强度真实信息所能获得利润的期望值。

命题 4.8 （1）当 $K\geqslant\dfrac{6-4\delta+\delta\sqrt{(1-\delta)(3-2\delta)}}{(3+\delta)(3-2\delta)}(1-c)$ 时，

$$E_{\Pi^{**}}(p_1^{**}) = \frac{(2-\delta)^2((1-c)(1-3c)-2c^2\ln c)}{8(3-2\delta)(1-c)}$$ (4.17)

（2）当 $K < \dfrac{6-4\delta+\delta\sqrt{(1-\delta)(3-2\delta)}}{(3+\delta)(3-2\delta)}(1-c)$ 时，

$$\begin{aligned}
E_{\Pi^{**}}(p_1^{**}) &= \frac{K(3-2\delta)(1-\beta_1)(4(1+\beta_1-2c)-(1+\beta_1)(3+\delta)K)}{8(3-2\delta)(1-c)} \\
&\quad + \frac{(2-\delta)^2\left((\beta_1-c)(\beta_1-3c)+2c^2\ln\dfrac{\beta_1}{c}\right)}{8(3-2\delta)(1-c)}
\end{aligned}$$ (4.18)

其中，$\beta_1 = \dfrac{6-4\delta+\delta\sqrt{(1-\delta)(3-2\delta)}}{6-4\delta+\delta\sqrt{(1-\delta)(3-2\delta)}-(3+\delta)(3-2\delta)K}c$ 。

证明　通过对 Π^{**} 关于 β 积分来计算企业利润的期望值。为了便于理解，先将命题 4.7 转化为以下等价形式：

（1）当 $(6-4\delta+\delta\sqrt{(1-\delta)(3-2\delta)}-(3+\delta)(3-2\delta)K)\beta \leqslant (6-4\delta+\delta\sqrt{(1-\delta)(3-2\delta)})c$ 时：

$$p_1^{**} = \frac{(2-\delta)^2\beta+(2-\delta^2)c}{2(3-2\delta)}$$

$$\Pi^{**} = \frac{(2-\delta)^2(\beta-c)^2}{4(3-2\delta)\beta}$$

（2）当 $(6-4\delta+\delta\sqrt{(1-\delta)(3-2\delta)}-(3+\delta)(3-2\delta)K)\beta > (6-4\delta+\delta\sqrt{(1-\delta)(3-2\delta)})c$ 时：

$$p_1^{**} = (1-\frac{1+\delta}{2}K)\beta$$

$$\Pi^{**} = \frac{4(\beta-c)-(3+\delta)\beta K}{4}K$$

如果 $K \geqslant \dfrac{6-4\delta+\delta\sqrt{(1-\delta)(3-2\delta)}}{(3+\delta)(3-2\delta)}(1-c)$，只有（1）能够出现，因此

$$E_{\Pi^{**}}(p_1^{**}) = \int_c^1 \frac{(2-\delta)^2(\beta-c)^2}{4(3-2\delta)\beta}\frac{1}{1-c}\mathrm{d}\beta = \frac{(2-\delta)^2((1-c)(1-3c)-2c^2\ln c)}{8(3-2\delta)(1-c)}$$

如果 $K < \dfrac{6-4\delta+\delta\sqrt{(1-\delta)(3-2\delta)}}{(3+\delta)(3-2\delta)}(1-c)$，（1）、（2）都可能出现，因此

$$E_{\Pi^{**}}(p_1^{**}) = \frac{1}{1-c}\left(\int_c^{\beta_1} \frac{(2-\delta)^2(\beta-c)^2}{4(3-2\delta)\beta}\mathrm{d}\beta + \int_{\beta_1}^1 \frac{4(\beta-c)-(3+\delta)\beta K}{4}K\mathrm{d}\beta\right)$$

$$= \frac{(2-\delta)^2\left((\beta_1-c)(\beta_1-3c)+2c^2\ln\dfrac{\beta_1}{c}\right)}{8(3-2\delta)(1-c)}$$

$$+ \frac{K(1-\beta_1)(4(1+\beta_1-2c)-(1+\beta_1)(3+\delta)K)}{8(1-c)}$$

由于采用遗传算法求解不确定情形下的第一阶段近似最优定价，所以将在数值实验部分考查需求强度信息价值的性质。

4.5 算 例 分 析

本节通过数值实验研究以下问题：

（1）在不同参数组合下企业应当怎样决策第一阶段价格？

（2）在近似最优价格下企业的期望利润受到各项参数怎样的影响？

（3）需求强度信息的价值受到各项参数怎样的影响？

此外，通过本节数值实验还得到了一些管理方面的启示。

4.5.1 第一阶段近似最优定价

图 4.2 给出了利用遗传算法求出的第一阶段近似最优价格。由图 4.2 可知，企业在第一阶段的定价应该随着单位生产成本的增加而增大。当企业的生产能力较小时，企业在第一阶段可以定价较高，并且随着生产能力的增大而减小；当生产

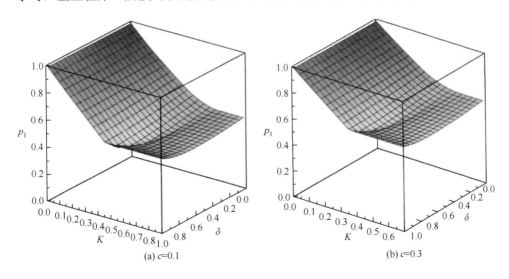

(a) $c=0.1$ (b) $c=0.3$

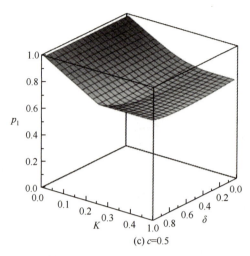

图 4.2　第一阶段近似最优价格

能力足够大时，其变化对第一阶段定价的影响变得不明显。这是因为当企业生产能力较小时，产能短缺使得企业不得不只为估计价值较高的消费者提供产品，因此可以支撑较高的价格；当企业生产能力较大时，企业可以为更多的消费者提供产品，因此价格较低。特别地，当企业生产能力足够大时，其成为约束的可能性变小，短缺效应不再明显，因此对价格的影响也就变得不明显。

此外，当生产能力限制的影响不明显时，第一阶段价格随着消费者策略水平的增大先减小后增大，这与第 3 章的相关结论是一致的。当生产能力限制的变化对第一阶段有明显影响时，消费者策略水平的变化对第一阶段价格的影响变得不明显了，这说明生产能力限制的短缺效应会减弱消费者策略购买行为对产品价格的影响。

4.5.2　近似最优期望利润

图 4.3 给出了在 4.5.1 小节定价决策下企业的近似最优期望利润。由图 4.3 可知，企业的期望利润随着单位生产成本的上升而减少。当企业的生产能力较小时，产能的限制明显影响了企业的期望利润，此时，期望利润随着生产能力的增加而上升。当企业的生产能力足够大时，短缺效应的约束作用变小，因此生产能力的变化对期望利润的影响变得不明显。此外，随着消费者策略水平的增大，企业生产能力对期望利润影响由较大到不明显的这种变化会在企业拥有更小生产能力时发生。由图 4.3 所示，在不考虑建立生产能力成本或建立生产能力成本足够小的前提下，当消费者策略水平较高时，相对于可能的市场最大需求，企业似乎应该建立中等水平的生产能力；而在消费者策略水平较低时，企业应该在中等水平生产能力的基础上进行适度扩充。

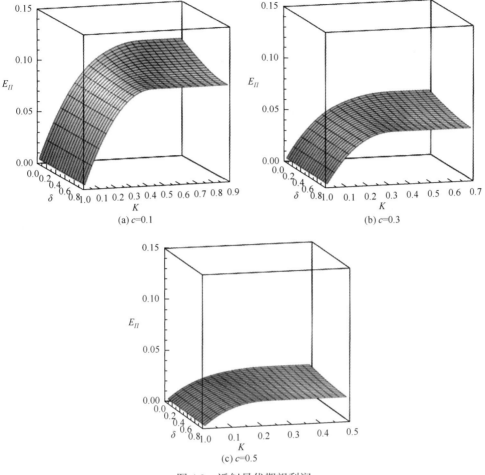

图 4.3　近似最优期望利润

　　企业的期望利润随着消费者的策略水平的增大而减小，而企业较小的生产能力减缓了这一趋势。这意味着消费者的策略购买行为会损害企业的利益，而当企业的生产能力较小时这种损失较小，说明企业生产能力的限制弱化了消费者策略购买行为对企业利润产生的影响。

4.5.3　需求强度信息的价值

　　图 4.4 给出了不同单位生产成本下的需求强度信息价值。可以看出，需求强度信息的价值随着单位生产成本的增大而减小，同时随着消费者策略水平的增大而减小，这与第 3 章的相关结论一致。随着企业生产能力的增大，需求强度信息的价值先增大后减小，随后保持不变。这说明：当企业生产能力较小时需求强度信息的价值较小，因此生产能力的限制可以降低需求强度不确定性的影响；相对

于可能的市场最大需求，企业在具有中等水平的生产能力时需求强度信息的价值最大；而当企业生产能力足够大且可能不再形成约束时，生产能力的变化对需求强度信息的价值不再产生影响。

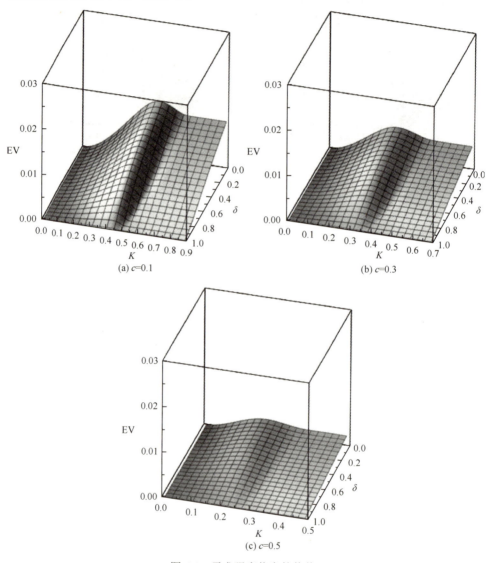

图 4.4　需求强度信息的价值

本　章　小　结

在第 3 章内容的基础上，本章研究在面向策略型消费者时，具有生产能力限制的垄断企业对新产品的定价问题。建立了一个两阶段模型，并通过逆向归纳法对模型进行求解。首先得到不同情形下产品的第二阶段最优价格和企业在第二阶段的最优利润，然后通过遗传算法得到产品的第一阶段近似最优价格。为考察需求强度信息的价值，分析了企业获得需求强度真实信息情形下产品的第一阶段最优定价和企业的最优利润，以及企业为获得需求强度真实值采取措施所能得到的利润的期望值。

通过数值实验，发现当生产能力较小时，企业应该将第一阶段产品价格定得高一些，并随着生产能力的增大逐步降低。当生产能力较大时，第一阶段产品价格应该处在中等水平，并且对于生产能力的变化不敏感；此时第一阶段价格随着消费者策略水平的增大先减小后增大。而较小的生产能力会弱化消费者策略购买行为对产品第一阶段价格的影响，这是因为短缺效应减小了产品两阶段的价格差异，从而降低了消费者等待的意愿。

当企业生产能力较小时，企业的期望利润也较小并随着生产能力的增大较快增大；而当企业生产能力足够大时，生产能力不再起到约束作用，因此对期望利润的影响变得不明显。随着消费者策略水平的增大，企业的期望利润减小。同样地，这种影响也会被较小的生产能力弱化。当消费者策略水平较高时，相对于可能的市场最大需求，企业应该建立中等水平的生产能力；而在消费者策略水平较低时，企业应该在中等水平生产能力的基础上进行适度扩充。

对于需求强度信息的价值，消费者的策略水平、单位生产成本都起到负相关的作用。生产能力较小时需求强度信息的价值也较小，说明生产能力限制能够减小需求强度不确定性的影响。相对于可能的市场最大需求，在企业拥有中等水平的生产能力时，需求强度信息的价值最大；当生产能力较大时，其变化对需求强度信息价值的影响不再明显。

第 5 章　产品创新者与模仿者的定价竞争

5.1　问　题　提　出

2012 年 7 月 30 日，美国圣何塞（San Jose）联邦法庭审理了苹果公司与三星公司的专利权诉讼案。这次诉讼被称为"世纪专利诉讼"（"the patent trial of the century"）。在这件诉讼案中，苹果公司控诉三星公司故意抄袭其 iPhone 和 iPad，并提出高达 25 亿美元的赔偿请求。在此之前，这两家公司已经在 10 个国家进行了 50 多次较量，并且这场争端似乎还将持续下去。事实上，除了电子产品领域，在其他很多产业（如时尚产业）中都存在产品创新者与模仿者的激烈竞争。例如，Gucci 公司控诉 Guess 公司抄袭其设计创意，并提出了 12 000 万美元的赔偿请求，这场历时三年的诉讼以法院判决 Guess 赔偿 Gucci 466 万美元而告终；Cartier 甚至购买抄袭其设计的手表然后将其当众销毁[65]。面对模仿者的搭便车行为（free riding），产品创新者可以通过申请专利（patenting）来保护自己的利益。然而申请专利不可避免地要泄露产品的技术细节，这实际上对模仿者是有利的。况且，一旦发生专利诉讼案，当事双方都不得不面对巨额的诉讼费用、长期的取证和审判，花费大量的财力和精力。与法律手段相比，定价等市场营销手段是与对手竞争更加基本、有效的方式。合理的定价能够在保证自己利润的前提下压缩竞争对手的市场份额，而定价失误则会严重损害自身利润，甚至会影响企业的生存。在产品创新者与模仿者的竞争中，企业对产品价格更需要谨慎决策，这一点对产品创新者尤其重要。因为创新者既要面对产品上市初期高度的需求不确定性，又要考虑未来可能的竞争威胁。而消费者的策略购买行为又致使这一局面更加复杂化。

在产品创新者与模仿者的竞争中，消费者的策略购买行为具有重要的影响。在产品创新周期越来越短的趋势下，新产品频繁涌入市场，消费者从自身经历认识到新产品在上市一段时间后很可能会有模仿者跟随进入市场。而模仿者进入市场引起的竞争会导致产品更大幅度的降价，因此消费者具有更强烈的意愿计划自己的购买时机和选择产品来源。本章整合已有的研究成果[133, 134]在第 3 章模型的基础上进行扩展：假设在产品创新者垄断市场一段时间后产品模仿者进入市场，在第二阶段与创新者进行竞争，并假设模仿者提供的产品与创新产品是垂直差异化的。通过建立和求解动态博弈模型及数值实验，考察均衡价格、均衡利润、创新产品降价幅度、产品性价比、需求强度信息的价值、创新者市场调查等措施对模仿者的影响及模仿者产品质量水平选择等问题。

本章的内容结构安排如下：5.2 节描述所研究问题、定义数学符号并建立动态博弈模型；5.3 节对模型求解，得到第二阶段均衡价格、均衡利润和第一阶段创新者最优定价和最优期望利润；5.4 节研究创新者采取获知需求强度信息措施后的情形及需求强度信息的价值；5.5 节是数值实验。

5.2　问题描述及数学模型

5.2.1　问题描述

概括来说，在所考查的时间区间内存在两个阶段，依次为垄断阶段和竞争阶段，这两个阶段以模仿者进入市场为划分点。创新企业 I 首先将新产品以价格 p_{I1} 引入市场，该市场规模已知，且已标准化为 1。企业 I 的单位生产成本为 c，$c \in (0, 1)$。一段时间后，企业 E 对新产品成功实施逆向工程（reverse engineering），完成对新产品的模仿及生产组织，并进入市场。企业 I 和 E 的固定成本都已经成为沉入成本，因此不再考虑。两个企业的产品是垂直差异化的，具体地说，消费者对两个企业产品质量差异的认识是一致的。假设企业 I 产品的质量为 1，企业 E 产品的质量为 λ，$\lambda \in (0, 1)$。产品质量差异是由人力、原材料等成本的差异造成的，自然地，企业 E 产品的单位生产成本为 λc。简便起见，先假设 λ 是外生给定的，在数值实验部分再将其视为内生的，考察企业 E 对 λ 的决策。此外还假设企业 I 的垄断时间长度是已知的，即企业 E 进入市场的时间是公共知识。这是基于以下条件做出的假设：①根据已有的文献[135, 136]，逆向工程的时间可以准确估计；②行业内组织生产的准备时间通常是公共知识；③一些行业内新的进入者在正式进入市场前需要受到政府管理部门的审查，而这些程序的周期一般是固定公开的。当企业 E 进入市场时，企业 I 和 E 同时决策竞争阶段各自的产品价格 p_{I2}，p_E。两个企业的折现因子均为 1 且不考虑生产能力的限制。

所有消费者在产品上市初期到达市场，且一个消费者最多需要一单位的产品。v 代表消费者对 I 产品的估计价值，消费者对 E 产品的估计价值则为 λv。与第 3 章模型的假设一致，v 在区间 $[0, \beta]$ 内服从均匀分布；β 作为消费者对 I 产品的最大估计价值，在区间 $(c, 1]$ 内服从均匀分布，其真实值在 p_{I1} 给定后成为市场的公共知识；消费者对未来产品价格形成理性预期，以最大化效用为目标，具有共同的折现因子 δ，$\delta \in (0, 1)$。下面总结本章用到的部分表示符号：

c 表示 I 的单位产品生产成本，$c \in (0, 1)$；

λ 表示 E 的产品与 I 的产品质量水平之比，$\lambda \in (0, 1)$；

β 表示垄断阶段消费者对 I 产品的最大估计价值，$\beta \in (c, 1]$；

δ 表示消费者的折现因子，$\delta \in (0, 1)$；

V_{I1} 表示在垄断阶段购买产品的消费者集合；

V_{I2} 表示在竞争阶段购买 I 产品的消费者集合；

V_E 表示在竞争阶段购买 E 产品的消费者集合；

v 表示消费者对 I 产品的估计价值；

v^* 表示竞争阶段剩余消费者对 I 产品的最大估计价值，$v^* \leqslant \beta$；

p_{I1} 表示 I 产品在垄断阶段的价格；

p_{I2} 表示 I 产品在竞争阶段的价格；

p_E 表示 E 产品在竞争阶段的价格；

Π_I 表示 I 在两个阶段的总利润；

Π_{I1} 表示 I 在垄断阶段的利润；

Π_{I2} 表示 I 在竞争阶段的利润；

Π_E 表示 E 的利润。

图 5.1 描述了各事件发生的时间顺序。

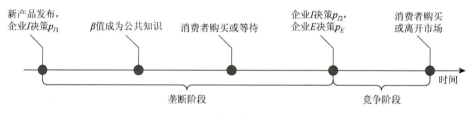

图 5.1　事件发生的时间顺序

5.2.2　数学模型

本节为所研究问题建立一个动态博弈模型。

对企业 I，其目标是最大化整个销售期的期望利润

$$\underset{p_{I1}}{\text{Max}} E_\Pi (\Pi_{I1} + \underset{p_{I2}}{\text{Max}} \Pi_{I2}) = \underset{p_{I1}}{\text{Max}} E_\Pi \left((p_{I1} - c)|V_{I1}| + \underset{p_{I2}}{\text{Max}}(p_{I2} - c)|V_{I2}| \right)$$

对企业 E，其目标是最大化其利润

$$\underset{p_E}{\text{Max}} \Pi_E = \underset{p_E}{\text{Max}}(p_E - \lambda c)|V_E|$$

对关于 I 的产品持有估计价值 v 的消费者，他希望通过选择购买时机和产品来源或放弃购买来实现最大化其效用 U_v，即

$$\underset{d_v}{\text{Max}} U_v = \underset{d_v}{\text{Max}}\{v - p_{I1}, \delta(v - p_{I2}), \delta(\lambda v - p_E), 0\}$$

其中，$d_v = \begin{cases} 0, & \text{放弃购买} \\ I1, & \text{在第一阶段购买 } I \text{ 的产品} \\ I2, & \text{在第二阶段购买 } I \text{ 的产品} \\ E, & \text{在第二阶段购买 } E \text{ 的产品} \end{cases}$，$U_v = \begin{cases} 0, & d_v = 0 \\ v - p_{I1}, & d_v = I1 \\ \delta(v - p_{I2}), & d_v = I2 \\ \delta(\lambda v - p_E), & d_v = E \end{cases}$。

模型中 $|V_{I1}|$，$|V_{I2}|$ 和 $|V_E|$ 的形式需要通过 c，δ，λ，β 和 p_{I1} 来具体表达。其中 $c \in (0,1)$，$\delta \in (0,1)$，$\lambda \in (0,1)$，$\beta \in (c,1]$。

5.3　创新企业与模仿企业的定价竞争

在本章所研究的动态博弈中，消费者对未来产品价格形成理性预期。仍然采用逆向归纳法，先考察竞争阶段的均衡结果，再对垄断阶段进行分析。

5.3.1　竞争阶段均衡分析

同第 3 章所考察问题类似，企业 I 在决策垄断阶段价格 p_{I1} 时面临着需求强度的不确定性。当 p_{I1} 相对于 β 的真实值过高时，所有消费者都不会选择在垄断阶段购买，这时 $V_{I1} = \varnothing$；当 p_{I1} 足够低时才有 $V_{I1} \neq \varnothing$。而区分 V_{I1} 是否为空集的 p_{I1} 的阈值为 $\tilde{p}_{I1} = \dfrac{\delta(2+\lambda)}{4-\lambda}c + \dfrac{4-\lambda-\delta(2+\lambda)}{4-\lambda}\beta$，显然，$\tilde{p}_{I1}$ 是 δ 和 λ 的单调减函数，这说明在垄断阶段价格不变的前提下，当消费者策略水平或者模仿者产品质量提高时，$V_{I1} = \varnothing$ 的可能性就会增大。这是因为消费者策略水平的提高使消费者更有意愿等待未来的购买时机，而模仿者产品质量的提高增加了其对消费者的吸引力。下文对垄断阶段的分析同样分为两部分：$V_{I1} = \varnothing$ 的情形和 $V_{I1} \neq \varnothing$ 的情形。

1. $V_{I1} = \varnothing$ 的情形

当 $V_{I1} = \varnothing$ 时，没有消费者选择在垄断阶段购买产品，因此竞争阶段开始时，市场中剩余消费者的市场区间为 $[0, \beta]$。面对所有消费者，企业 I 和 E 进行定价博弈。命题 5.1 给出 $V_{I1} = \varnothing$ 时企业各自的均衡价格、均衡市场区间和均衡利润。

命题 5.1　当 $\tilde{p}_{I1} \leqslant p_{I1} \leqslant 1$ 时，在竞争阶段存在唯一的纯策略（pure strategy）价格纳什均衡

$$\begin{cases} p_{I2}^* = \dfrac{2+\lambda}{4-\lambda}c + \dfrac{2(1-\lambda)}{4-\lambda}\beta \\ p_E^* = \dfrac{3}{4-\lambda}\lambda c + \dfrac{1-\lambda}{4-\lambda}\lambda\beta \end{cases} \tag{5.1}$$

均衡市场区间为

$$\begin{cases} V_{I2}^* = \left\{ v \middle| \dfrac{2}{4-\lambda}c + \dfrac{2-\lambda}{4-\lambda}\beta < v \leqslant \beta \right\} \\[3mm] V_E^* = \left\{ v \middle| \dfrac{3}{4-\lambda}c + \dfrac{1-\lambda}{4-\lambda}\beta < v \leqslant \dfrac{2}{4-\lambda}c + \dfrac{2-\lambda}{4-\lambda}\beta \right\} \end{cases} \quad (5.2)$$

均衡利润为

$$\begin{cases} \Pi_{I2}^* = \dfrac{4(1-\lambda)(\beta-c)^2}{(4-\lambda)^2\beta} \\[3mm] \Pi_E^* = \dfrac{\lambda(1-\lambda)(\beta-c)^2}{(4-\lambda)^2\beta} \end{cases} \quad (5.3)$$

证明 命题 3.1 证明中得到的结论"当一个消费者购买了产品时，具有更大估计价值的消费者必然也购买了产品"仍然成立（证明思路类似），并且仍然是命题 5.1 证明的基础。

v^* 代表竞争阶段市场中剩余消费者对企业 I 产品的最大估计价值，因此竞争阶段购买各企业产品消费者的市场区间为

$$V_{I2} = \{ v | v \leqslant v^*, v > p_{I2}, v - p_{I2} > \lambda v - p_E \}$$
$$V_E = \{ v | v \leqslant v^*, \lambda v > p_E, \lambda v - p_E \geqslant v - p_{I2} \}$$

整理后即得到

$$V_{I2} = \left\{ v \middle| \max\left(p_{I2}, \dfrac{p_{I2}-p_E}{1-\lambda} \right) < v \leqslant v^* \right\}$$
$$V_E = \left\{ v \middle| \dfrac{p_E}{\lambda} < v \leqslant \min\left(v^*, \dfrac{p_{I2}-p_E}{1-\lambda} \right) \right\}$$

（1）当 $\dfrac{p_{I2}-p_E}{1-\lambda} \geqslant p_{I2}$，或者说 $\lambda p_{I2} \geqslant p_E$ 时，得到 $\dfrac{p_E}{\lambda} \leqslant \dfrac{p_{I2}-p_E}{1-\lambda}$，于是分为两种情况：

第一，$V_{I2} \neq \varnothing$。显然 $\dfrac{p_{I2}-p_E}{1-\lambda} < v^*$，于是有 $V_{I2} = \left\{ v \middle| \dfrac{p_{I2}-p_E}{1-\lambda} < v \leqslant v^* \right\}$。结合 $\dfrac{p_E}{\lambda} \leqslant \dfrac{p_{I2}-p_E}{1-\lambda}$，即可得到 $V_E = \left\{ v \middle| \dfrac{p_E}{\lambda} < v \leqslant \dfrac{p_{I2}-p_E}{1-\lambda} \right\}$。

第二，$V_{I2} = \varnothing$。此时有 $\dfrac{p_{I2}-p_E}{1-\lambda} \geqslant v^*$ 并且 $V_E = \left\{ v \middle| \dfrac{p_E}{\lambda} < v \leqslant v^* \right\}$。

（2）当 $\dfrac{p_{I2}-p_E}{1-\lambda} < p_{I2}$，或者说 $\lambda p_{I2} < p_E$ 时，有 $\dfrac{p_E}{\lambda} > \dfrac{p_{I2}-p_E}{1-\lambda}$。同时 $p_{I2} \leqslant v^*$，因此 $V_{I2} = \{ v | p_{I2} < v \leqslant v^* \}$，$V_E = \varnothing$。

基于以上关于市场区间的分析，可以得到各企业在竞争阶段的利润函数：

$$\Pi_{I2} = \begin{cases} (p_{I2} - c) \dfrac{v^* - \dfrac{p_{I2} - p_E}{1 - \lambda}}{\beta}, & \text{当} \lambda p_{I2} \geq p_E, \dfrac{p_{I2} - p_E}{1 - \lambda} < v^* \text{时} \\[4mm] (p_{I2} - c) \dfrac{v^* - p_{I2}}{\beta}, & \text{当} \lambda p_{I2} < p_E \text{时} \\[4mm] 0, & \text{当} \lambda p_{I2} \geq p_E, \dfrac{p_{I2} - p_E}{1 - \lambda} \geq v^* \text{时} \end{cases}$$

$$\Pi_E = \begin{cases} (p_E - \lambda c) \dfrac{\dfrac{p_{I2} - p_E}{1 - \lambda} - \dfrac{p_E}{\lambda}}{\beta}, & \text{当} \lambda p_{I2} \geq p_E, \dfrac{p_{I2} - p_E}{1 - \lambda} < v^* \text{时} \\[4mm] 0, & \text{当} \lambda p_{I2} < p_E \text{时} \\[4mm] (p_E - \lambda c) \dfrac{v^* - \dfrac{p_E}{\lambda}}{\beta}, & \text{当} \lambda p_{I2} \geq p_E, \dfrac{p_{I2} - p_E}{1 - \lambda} \geq v^* \text{时} \end{cases}$$

根据一阶条件，可以得到 p_{I2} 和 p_E 不同关系下各企业在竞争阶段的局部最优定价：

$$p'_{I2} = \begin{cases} \dfrac{c + p_E + (1 - \lambda)v^*}{2}, & \text{当} \lambda p_{I2} \geq p_E, \dfrac{p_{I2} - p_E}{1 - \lambda} < v^* \text{时} \\[4mm] \dfrac{c + v^*}{2}, & \text{当} \lambda p_{I2} < p_E \text{时} \\[4mm] \text{区域内任意值}, & \text{当} \lambda p_{I2} \geq p_E, \dfrac{p_{I2} - p_E}{1 - \lambda} \geq v^* \text{时} \end{cases}$$

$$p'_E = \begin{cases} \dfrac{\lambda}{2}(c + p_{I2}), & \text{当} \lambda p_{I2} \geq p_E, \dfrac{p_{I2} - p_E}{1 - \lambda} < v^* \text{时} \\[4mm] \text{区域内任意值}, & \text{当} \lambda p_{I2} < p_E \text{时} \\[4mm] \dfrac{\lambda}{2}(c + v^*), & \text{当} \lambda p_{I2} \geq p_E, \dfrac{p_{I2} - p_E}{1 - \lambda} \geq v^* \text{时} \end{cases}$$

由此可以得到各企业在竞争阶段的反应函数（reaction function）：

$$p_{I2}^{re} = \begin{cases} \dfrac{c + p_E + (1 - \lambda)v^*}{2}, & \text{当} \lambda c < p_E \leq \dfrac{1}{2 - \lambda} \lambda c + \dfrac{1 - \lambda}{2 - \lambda} \lambda v^* \text{时} \\[4mm] \dfrac{p_E}{\lambda}, & \text{当} \dfrac{1}{2 - \lambda} \lambda c + \dfrac{1 - \lambda}{2 - \lambda} \lambda v^* < p_E \leq \dfrac{\lambda}{2}(c + v^*) \text{时} \\[4mm] \dfrac{c + v^*}{2}, & \text{当} \dfrac{\lambda}{2}(c + v^*) < p_E \leq \lambda v^* \text{时} \end{cases}$$

$$p_E^{re} = \begin{cases} \dfrac{\lambda}{2}(c+p_{I2}), & \text{当 } c < p_{I2} \leqslant \dfrac{\lambda}{2-\lambda}c + \dfrac{2(1-\lambda)}{2-\lambda}v^* \text{时} \\[3mm] p_{I2}-(1-\lambda)v^*, & \text{当 } \dfrac{\lambda}{2-\lambda}c + \dfrac{2(1-\lambda)}{2-\lambda}v^* < p_{I2} \leqslant \dfrac{\lambda}{2}c + \dfrac{2-\lambda}{2}v^* \text{时} \\[3mm] \dfrac{\lambda}{2}(c+v^*), & \text{当 } \dfrac{\lambda}{2}c + \dfrac{2-\lambda}{2}v^* < p_{I2} \leqslant v^* \text{时} \end{cases}$$

反应函数的交点即为均衡点（图 5.2）：

$$\begin{cases} p_{I2}^{\text{Equ}} = \dfrac{2+\lambda}{4-\lambda}c + \dfrac{2(1-\lambda)}{4-\lambda}v^* \\[3mm] p_E^{\text{Equ}} = \dfrac{3}{4-\lambda}\lambda c + \dfrac{1-\lambda}{4-\lambda}\lambda v^* \end{cases} \tag{5.4}$$

均衡市场区间为

$$\begin{cases} V_{I2}^{\text{Equ}} = \left\{ v \middle| \dfrac{2}{4-\lambda}c + \dfrac{2-\lambda}{4-\lambda}v^* < v \leqslant v^* \right\} \\[3mm] V_E^{\text{Equ}} = \left\{ v \middle| \dfrac{3}{4-\lambda}c + \dfrac{1-\lambda}{4-\lambda}v^* < v \leqslant \dfrac{2}{4-\lambda}c + \dfrac{2-\lambda}{4-\lambda}v^* \right\} \end{cases} \tag{5.5}$$

如果 $V_{I1} = \varnothing$，则竞争阶段市场剩余消费者对 I 产品的最大估计价值应为 $v^* = \beta$ 且满足 $\beta - p_{I1} \leqslant \delta(\beta - p_{I2}^*)$，即 $p_{I1} \geqslant \dfrac{\delta(2+\lambda)}{4-\lambda}c + \dfrac{4-\lambda-\delta(2+\lambda)}{4-\lambda}\beta$。令 $\tilde{p}_{I1} = \dfrac{\delta(2+\lambda)}{4-\lambda}c + \dfrac{4-\lambda-\delta(2+\lambda)}{4-\lambda}\beta$，将式（5.4）中 v^* 替换为 β 即可得到 (p_{I2}^*, p_E^*)，如图 5.2 所示，将式（5.5）中的 v^* 替换为 β 即可得到 (V_{I2}^*, V_E^*)，并计算竞争阶段各企业最优利润，命题 5.1 即得证。

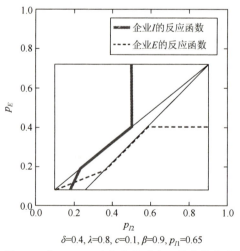

$\delta = 0.4, \lambda = 0.8, c = 0.1, \beta = 0.9, p_{I1} = 0.65$

图 5.2　当 $V_{I1} = \varnothing$ 时企业的反应函数和均衡点

由式（5.3）可以看出，企业各自的均衡利润是 c 的单调减函数，是 β 的单调增函数。这是因为：均衡价格的增量仅仅是单位生产成本增量的一部分[式（5.1）]，这导致单位产品利润降低，而价格的上升迫使产品销售量减少 [式（5.2）]，因此利润减少；需求强度的提高对价格的提升与销售量的增加都可以起到激励的作用，因此当需求强度增加时，企业各自的均衡利润是增加的。同时，这种情形下竞争阶段均衡价格、均衡市场区间及企业的均衡利润与消费者策略水平和垄断价格是无关的。这是因为一旦给定的 δ 和 p_{I1} 满足 $V_{I1} = \varnothing$ 的条件，所有的消费者都决定不在垄断阶段购买，那么 δ 和 p_{I1} 的影响就不会在竞争阶段有所体现。

推论 5.1　关于 λ：p_{I2}^* 是单调减少的凹函数；p_E^* 是凹函数，当 $\beta \leqslant 4c$ 时，p_E^* 单调增加，当 $\beta > 4c$ 时，p_E^* 在区间 $\lambda \in \left(0, \dfrac{2\left(2\beta - (3\beta(\beta-c))^{\frac{1}{2}}\right)}{\beta}\right]$ 内单调增加，在

区间 $\lambda \in \left(\dfrac{2\left(2\beta - (3\beta(\beta-c))^{\frac{1}{2}}\right)}{\beta}, 1\right)$ 内单调减少。

证明　p_{I2}^* 的情形可以通过简单的求导获得。

关于 p_E^*，$\dfrac{\partial^2 p_E^*}{\partial \lambda^2} = -\dfrac{24(\beta-c)}{(4-\lambda)^3} < 0$，因此 p_E^* 是关于 λ 的凹函数；

$\dfrac{\partial p_E^*}{\partial \lambda} = \dfrac{\beta\lambda^2 - 8\beta\lambda + 4(\beta-3c)}{(4-\lambda)^2}$，求解一元二次方程 $\beta\lambda^2 - 8\beta\lambda + 4(\beta-3c) = 0$，

可得解为 $\lambda = \dfrac{2\left(2\beta \pm (3\beta(\beta-c))^{\frac{1}{2}}\right)}{\beta}$。其中 $\lambda_1 = \dfrac{2\left(2\beta + (3\beta(\beta-c))^{\frac{1}{2}}\right)}{\beta} > 1$。

当 $\beta \leqslant 4c$ 时，另外一个解 $\lambda_2 = \dfrac{2\left(2\beta - (3\beta(\beta-c))^{\frac{1}{2}}\right)}{\beta} \geqslant 1$，故 $\beta\lambda^2 - 8\beta\lambda + 4(\beta-3c) > 0$，即 $\dfrac{\partial p_E^*}{\partial \lambda} > 0$；当 $\beta > 4c$ 时，$\lambda_2 = \dfrac{2\left(2\beta - (3\beta(\beta-c))^{\frac{1}{2}}\right)}{\beta} \subset (0,1)$，故在区间 $\left(0, \dfrac{2\left(2\beta - (3\beta(\beta-c))^{\frac{1}{2}}\right)}{\beta}\right)$ 内有 $\dfrac{\partial p_E^*}{\partial \lambda} > 0$，在区间 $\left(\dfrac{2\left(2\beta - (3\beta(\beta-c))^{\frac{1}{2}}\right)}{\beta}, 1\right)$ 内有 $\dfrac{\partial p_E^*}{\partial \lambda} < 0$。

推论 5.2　$\left|V_{I2}^*\right|$ 和 $\left|V_E^*\right|$ 都是关于 λ 单调增加的凸函数。

推论 5.3 关于 λ：Π_{I2}^* 是单调减少的凹函数；Π_E^* 是凹函数，在区间 $\lambda \in \left(0, \dfrac{4}{7}\right]$ 内单调增加，在区间 $\lambda \in \left(\dfrac{4}{7}, 1\right)$ 内单调减少。

质量水平的提高增加了企业 E 的产品对消费者的吸引力，因此给企业 I 的产品销售量带来威胁。为了保证销售量，企业 I 不得不降低价格，然而单位利润下降的影响超过了销售量增加的影响，因此企业 I 的利润是降低的。这或许可以解释推论 5.1、推论 5.2 及推论 5.3 中关于企业 I 部分的描述。

对于企业 E，当 λ 较低时，其产品质量水平的提高增加了消费者对其产品的估计价值，可以支持价格提升，同时又不会引起单位生产成本太大的增加。此时，如果需求强度较低（β 真实值较小），则 E 产品价格提升缓慢，而企业 I 产品价格下降也较慢，两个企业的产品价格不会因为过于接近而引起激烈的竞争，这就允许 E 产品价格随着质量水平的提升一直上涨；如果需求强度较高，E 产品价格上涨较快，企业 I 为了获得更多的销售量也增大降价幅度，当 λ 增大到一定程度时，两个企业的产品价格会过于接近，这就迫使企业 E 转而降低价格，避免过于激烈的竞争（推论 5.1）。企业 E 的利润随着其产品质量水平的提高先增大后减小（推论 5.3），这主要是受到单位产品利润的影响［随着产品质量的提升，销售量增大（推论 5.2），而单位产品利润先增大后减小］。

2. $V_{I1} \neq \varnothing$ 的情形

当垄断阶段价格足够低的时候，具有较高估计价值的消费者就会选择立即购买而不是继续等待。面对市场区间为 $[0, v^*]$ 的消费者，企业 I 和 E 进行定价博弈。命题 5.2 及其推论给出了相关结果。

命题 5.2 当 $c < p_{I1} < \tilde{p}_{I1}$ 时，在竞争阶段存在唯一的纯策略价格纳什均衡

$$
\begin{cases}
p_{I2}^{**} = \dfrac{(2+\lambda)(1-\delta)}{4-\lambda-\delta(2+\lambda)} c + \dfrac{2(1-\lambda)}{4-\lambda-\delta(2+\lambda)} p_{I1} \\[3mm]
p_E^{**} = \dfrac{3-\delta(2+\lambda)}{4-\lambda-\delta(2+\lambda)} \lambda c + \dfrac{1-\lambda}{4-\lambda-\delta(2+\lambda)} \lambda p_{I1}
\end{cases}
\tag{5.6}
$$

均衡市场区间为

$$
\begin{cases}
V_{I2}^{**} = \left\{ v \left| \dfrac{2-\delta(2+\lambda)}{4-\lambda-\delta(2+\lambda)} c + \dfrac{2-\lambda}{4-\lambda-\delta(2+\lambda)} p_{I1} < v \leqslant -\dfrac{\delta(2+\lambda)}{4-\lambda-\delta(2+\lambda)} c + \dfrac{4-\lambda}{4-\lambda-\delta(2+\lambda)} p_{I1} \right. \right\} \\[3mm]
V_E^{**} = \left\{ v \left| \dfrac{3-\delta(2+\lambda)}{4-\lambda-\delta(2+\lambda)} c + \dfrac{1-\lambda}{4-\lambda-\delta(2+\lambda)} p_{I1} < v \leqslant \dfrac{2-\delta(2+\lambda)}{4-\lambda-\delta(2+\lambda)} c + \dfrac{2-\lambda}{4-\lambda-\delta(2+\lambda)} p_{I1} \right. \right\}
\end{cases}
$$

$$
\tag{5.7}
$$

均衡利润为

$$\begin{cases} \Pi_{I2}^{**} = \dfrac{4(1-\lambda)(p_{I1}-c)^2}{(4-\lambda-\delta(2+\lambda))^2\beta} \\[4mm] \Pi_{E}^{**} = \dfrac{\lambda(1-\lambda)(p_{I1}-c)^2}{(4-\lambda-\delta(2+\lambda))^2\beta} \end{cases} \tag{5.8}$$

证明　当 $V_{I1} \neq \varnothing$ 时，$v^* < \beta$。企业 I 和 E 在竞争阶段面对市场区间为 $[0, v^*]$ 的消费者。根据 v^* 的含义及式（5.5），有 $v^* - p_{I1} = \delta(v^* - p_{I2}^{\mathrm{Equ}})$，整理得 $v^* = \dfrac{p_{I1} - \delta p_{I2}^{\mathrm{Equ}}}{1-\delta}$。

将式（5.4）中的 v^* 用 $\dfrac{p_{I1} - \delta p_{I2}^{\mathrm{Equ}}}{1-\delta}$ 代替，即得

$$\begin{cases} p_{I2}^{\mathrm{Equ}} = \dfrac{2+\lambda}{4-\lambda}c + \dfrac{2(1-\lambda)}{4-\lambda}\dfrac{p_{I1} - \delta p_{I2}^{\mathrm{Equ}}}{1-\delta} \\[4mm] p_{E}^{\mathrm{Equ}} = \dfrac{3}{4-\lambda}\lambda c + \dfrac{1-\lambda}{4-\lambda}\lambda \dfrac{p_{I1} - \delta p_{I2}^{\mathrm{Equ}}}{1-\delta} \end{cases}$$

令 $(p_{I2}^{**}, p_{E}^{**})$ 为其解，如图 4.3 所示，于是有

$$\begin{cases} p_{I2}^{**} = \dfrac{(2+\lambda)(1-\delta)}{4-\lambda-\delta(2+\lambda)}c + \dfrac{2(1-\lambda)}{4-\lambda-\delta(2+\lambda)}p_{I1} \\[4mm] p_{E}^{**} = \dfrac{3-\delta(2+\lambda)}{4-\lambda-\delta(2+\lambda)}\lambda c + \dfrac{1-\lambda}{4-\lambda-\delta(2+\lambda)}\lambda p_{I1} \end{cases}$$

因此，$v^* = \dfrac{p_{I1} - \delta p_{I2}^{**}}{1-\delta} = \dfrac{4-\lambda}{4-\lambda-\delta(2+\lambda)}p_{I1} - \dfrac{\delta(2+\lambda)}{4-\lambda-\delta(2+\lambda)}c < \beta$，变换形式得到 $p_{I1} < \dfrac{\delta(2+\lambda)}{4-\lambda}c + \dfrac{4-\lambda-\delta(2+\lambda)}{4-\lambda}\beta = \tilde{p}_{I1}$。再将式（5.5）中的 v^* 替换为 $\dfrac{4-\lambda}{4-\lambda-\delta(2+\lambda)}p_{I1} - \dfrac{\delta(2+\lambda)}{4-\lambda-\delta(2+\lambda)}c$ 得到 $(V_{I2}^{**}, V_{E}^{**})$，最后计算 $(\Pi_{I2}^{**}, \Pi_{E}^{**})$。命题 5.2 得证。

由式（5.6）～式（5.8）可知，对于两个企业而言，单位生产成本的上升虽然会推动竞争阶段价格上升，但是却降低了该阶段单位产品利润和产品销售量，因此使利润下降。而垄断阶段价格的提高却会迫使一部分原本计划在垄断阶段购买的消费者推迟到竞争阶段购买，导致在垄断阶段企业面对的剩余需求强度增大，能够支撑更高的竞争阶段价格。虽然垄断阶段价格的提高会使一部分具有较低估计价值的消费者放弃购买，但是这部分影响被掩盖了。结果单位产品利润和产品销售量均得到提高，因此两个企业的利润都是增加的。

推论 5.4　p_{I2}^{**} 和 p_{E}^{**} 都是关于 δ 单调增加的凸函数。

推论 5.5　关于 λ：

（1） p_{I2}^{**} 是单调减少的凹函数；

（2） p_E^{**} 是凹函数，当 $|Y|p_{I1} \leqslant Zc$ 时，p_E^{**} 单调增加，当 $|Y|p_{I1} > Zc$ 时，p_E^{**} 在

$$\left(0, \frac{2(2-\delta) - (6(1-\delta)(2-\delta))^{\frac{1}{2}}}{1+\delta}\right] \text{单调增加，在} \left(\frac{2(2-\delta) - (6(1-\delta)(2-\delta))^{\frac{1}{2}}}{1+\delta}, 1\right] \text{单调}$$

减少。其中 $Y = 4 - 2\delta - 8\lambda + \lambda^2 + 4\delta\lambda + \delta\lambda^2$，$Z = 12 - 14\delta + 4\delta^2 - 8\delta\lambda + 4\delta^2\lambda + \delta\lambda^2 + \delta^2\lambda^2 > 0$。

证明　（1）略。

（2） $\dfrac{\partial^2 p_E^{**}}{\partial \lambda^2} = -\dfrac{12(1-\delta)(2-\delta)(p_{I1} - c)}{(4 - \lambda - \delta(2+\lambda))^3} < 0$，故 p_E^{**} 关于 λ 是凹函数；$\dfrac{\partial p_E^{**}}{\partial \lambda} =$

$\dfrac{Yp_{I1} + Zc}{(4 - \lambda - \delta(2+\lambda))^2}$。求解 $Y = 0$ 可得 $\lambda = \dfrac{2(2-\delta) \pm (6(1-\delta)(2-\delta))^{\frac{1}{2}}}{1+\delta}$。易知其中

$\lambda_1 = \dfrac{2(2-\delta) + (6(1-\delta)(2-\delta))^{\frac{1}{2}}}{1+\delta} > 1$，$\lambda_2 = \dfrac{2(2-\delta) - (6(1-\delta)(2-\delta))^{\frac{1}{2}}}{1+\delta} \in (0,1)$。故在

区间 $\lambda \in \left(0, \dfrac{2(2-\delta) - (6(1-\delta)(2-\delta))^{\frac{1}{2}}}{1+\delta}\right)$ 内有 $Y > 0$，而在区间

$\lambda \in \left(\dfrac{2(2-\delta) - (6(1-\delta)(2-\delta))^{\frac{1}{2}}}{1+\delta}, 1\right)$ 内有 $Y < 0$。

当 $|Y|p_{I1} \leqslant Zc$ 时，有 $Yp_{I1} + Zc > 0$，故 $\dfrac{\partial p_E^{**}}{\partial \lambda} > 0$。

当 $|Y|p_{I1} > Zc$ 时，在区间 $\left(0, \dfrac{2(2-\delta) - (6(1-\delta)(2-\delta))^{\frac{1}{2}}}{1+\delta}\right)$，由 $Y > 0$，可知

$Yp_{I1} + Zc > 0$，故 $\dfrac{\partial p_E^{**}}{\partial \lambda} > 0$；在区间 $\left(\dfrac{2(2-\delta) - (6(1-\delta)(2-\delta))^{\frac{1}{2}}}{1+\delta}, 1\right)$，由 $Y < 0$ 可知

$Yp_{I1} + Zc < 0$，$\dfrac{\partial p_E^{**}}{\partial \lambda} < 0$。

推论 5.6　关于 δ 和 λ，$|V_{I2}^{**}|$ 和 $|V_E^{**}|$ 都是单调增加的凸函数。

推论 5.7　$\varPi_{I2}^{**}$ 和 $\varPi_E^{**}$ 都是关于 δ 单调增加的凸函数。

推论 5.8　关于 λ：

（1）当 $\delta \in \left(0, \dfrac{2+\lambda}{4-\lambda}\right]$ 时，$\varPi_{I2}^{**}$ 是单调减少的凹函数；当 $\delta \in \left(\dfrac{2+\lambda}{4-\lambda}, \dfrac{5+\lambda}{7-\lambda}\right]$ 时，

Π_{I2}^{**} 是单调增加的凹函数；当 $\delta \in \left(\dfrac{5+\lambda}{7-\lambda}, 1 \right)$ 时，Π_{I2}^{**} 是单调增加的凸函数。

（2）当 $\delta \in \left(0, \dfrac{1}{2} \right]$ 时，Π_E^{**} 是凹函数，在区间 $\lambda \in \left(0, \dfrac{2(2-\delta)}{7-5\delta} \right]$ 单调增加，在区间 $\lambda \in \left(\dfrac{2(2-\delta)}{7-5\delta}, 1 \right)$ 单调减少；当 $\delta \in \left(\dfrac{1}{2}, 1 \right)$ 时，Π_E^{**} 在区间 $\lambda \in \left(0, \dfrac{4(2\delta-1)(2-\delta)}{(1+\delta)(7-5\delta)} \right]$ 是单调增加的凸函数，在区间 $\lambda \in \left(\dfrac{4(2\delta-1)(2-\delta)}{(1+\delta)(7-5\delta)}, \dfrac{2(2-\delta)}{7-5\delta} \right]$ 是单调增加的凹函数，在区间 $\lambda \in \left(\dfrac{2(2-\delta)}{7-5\delta}, 1 \right)$ 是单调减少的凹函数。

证明　（1）$\dfrac{\partial \Pi_{I2}^{**}}{\partial \lambda} = \dfrac{4((4-\lambda)\delta - (2+\lambda))(p_{I1}-c)^2}{(4-\lambda-\delta(2+\lambda))^3 \beta}$。当 $\delta \in \left(0, \dfrac{2+\lambda}{4-\lambda} \right)$ 时，$\dfrac{\partial \Pi_{I2}^{**}}{\partial \lambda} < 0$；当 $\delta \in \left(\dfrac{2+\lambda}{4-\lambda}, 1 \right)$，$\dfrac{\partial \Pi_{I2}^{**}}{\partial \lambda} > 0$。

$\dfrac{\partial^2 \Pi_{I2}^{**}}{\partial \lambda^2} = \dfrac{8(1+\delta)((7-\lambda)\delta - (5+\lambda))(p_{I1}-c)^2}{(4-\lambda-\delta(2+\lambda))^4 \beta}$。当 $\delta \in \left(0, \dfrac{5+\lambda}{7-\lambda} \right)$ 时，$\dfrac{\partial^2 \Pi_{I2}^{**}}{\partial \lambda^2} < 0$；当 $\delta \in \left(\dfrac{5+\lambda}{7-\lambda}, 1 \right)$ 时，$\dfrac{\partial^2 \Pi_{I2}^{**}}{\partial \lambda^2} > 0$。

（2）$\dfrac{\partial \Pi_E^{**}}{\partial \lambda} = \dfrac{(-(7-5\delta)\lambda + 2(2-\delta))(p_{I1}-c)^2}{(4-\lambda-\delta(2+\lambda))^3 \beta}$。在区间 $\lambda \in \left(0, \dfrac{2(2-\delta)}{7-5\delta} \right)$，有 $\dfrac{\partial \Pi_E^{**}}{\partial \lambda} > 0$，在区间 $\lambda \in \left(\dfrac{2(2-\delta)}{7-5\delta}, 1 \right)$，有 $\dfrac{\partial^2 \Pi_E^{**}}{\partial \lambda^2} < 0$。

$\dfrac{\partial^2 \Pi_E^{**}}{\partial \lambda^2} = \dfrac{2(-(1+\delta)(7-5\delta)\lambda + 4(2-\delta)(2\delta-1))(p_{I1}-c)^2}{(4-\lambda-\delta(2+\lambda))^4 \beta}$。当 $\delta \in \left(0, \dfrac{1}{2} \right]$ 时，$\dfrac{\partial^2 \Pi_E^{**}}{\partial \lambda^2} < 0$；当 $\delta \in \left(\dfrac{1}{2}, 1 \right)$ 时，在区间 $\lambda \in \left(0, \dfrac{4(2\delta-1)(2-\delta)}{(1+\delta)(7-5\delta)} \right)$，有 $\dfrac{\partial^2 \Pi_E^{**}}{\partial \lambda^2} > 0$，在区间 $\lambda \in \left(\dfrac{4(2\delta-1)(2-\delta)}{(1+\delta)(7-5\delta)}, 1 \right)$，有 $\dfrac{\partial^2 \Pi_E^{**}}{\partial \lambda^2} < 0$。

在 $V_{I1} \neq \varnothing$ 的情形下，如果其他条件不变，消费者策略水平的提高能够让各企业在竞争阶段获得更大的利润（推论 5.7）。较高的策略水平使得消费者更有意愿等待未来低价的购买机会，使得一部分原本在较低策略水平下计划在垄断阶段购买的消费者转而计划在竞争阶段购买，这就增大了竞争阶段企业面临的需求强度，因此能够支撑竞争阶段更高的价格（推论 5.4）和更大的销售量（推论 5.6）。

当企业 E 产品的质量水平提高时，其销售量也会随之增大（推论 5.6）。为了争夺市场，保证销售量，企业 I 不得不降低其产品价格［推论 5.5（1）］。当消费者策略水平较低时，企业 I 在竞争阶段的利润因为 E 产品的质量水平提高而减少；而当消费者策略水平足够高时，I 在竞争阶段的利润因为 E 产品的质量水平提高而增加［推论 5.8（1）］。这主要是因为足够高的消费者策略水平使得 I 产品在竞争阶段的销售量因为 E 产品的质量水平提高而增加的速度超过了其价格下降的速度。企业 E 受到其产品质量水平提高的影响与命题 5.2 及其推论所讨论的内容是类似的，不再赘述。

5.3.2 垄断阶段分析

作为风险中性的决策者，企业 I 在面临需求强度不确定性时以最大化整个销售期期望利润为目标决策其产品垄断阶段价格 p_{I1}。命题 5.3 给出了企业 I 的产品最优垄断阶段价格和最优期望利润。

命题 5.3 令 $\overline{p}_{I1} = \dfrac{\delta(2+\lambda)}{4-\lambda}c + \dfrac{4-\lambda-\delta(2+\lambda)}{4-\lambda}$，$p_{I1}^{*}$ 为企业 I 产品的最优垄断阶段价格，$\varPi_{I}^{*}$ 为企业 I 的最优期望利润。

（1）当 $\delta \in \left[\dfrac{8+\lambda^2}{8+2\lambda-\lambda^2}, 1 \right)$ 时，p_{I1}^{*} 为区间 $[\overline{p}_{I1}, 1]$ 上的任意值

$$\varPi_{I}^{*} = \frac{2(1-\lambda)(1-4c+(3-2\ln c)c^2)}{(1-c)(4-\lambda)^2} \tag{5.9}$$

（2）当 $\delta \in \left(0, \dfrac{8+\lambda^2}{8+2\lambda-\lambda^2} \right)$ 时，$p_{I1}^{*} \in (c, \overline{p}_{I1})$ 并且满足

$$\ln \frac{(4-\lambda)p_{I1} - \delta(2+\lambda)c}{4-\lambda-\delta(2+\lambda)} = \frac{(4-\lambda-\delta(2+\lambda))((4-\lambda)p_{I1} - \delta(2+\lambda)c - (4-\lambda-\delta(2+\lambda)))}{(M-N)c + 2Np_{I1}}$$

$$\tag{5.10}$$

最优期望利润为

$$\varPi_{I}^{*} = \frac{2(1-\lambda)\left(v^{**2} - 4cv^{**} + \left(3 + 2\ln \dfrac{v^{**}}{c} \right)c^2 \right)}{(1-c)(4-\lambda)^2} + \frac{(p_{I1}^{*} - c)((4-\lambda-\delta(2+\lambda))^2(1-v^{**}) + (Mc + Np_{I1}^{*})\ln v^{**})}{(1-c)(4-\lambda-\delta(2+\lambda))^2}$$

其中，$M = 4 - 8\delta - 4\lambda + 4\delta^2 - 2\delta\lambda + 4\delta^2\lambda + \delta\lambda^2 + \delta^2\lambda^2$，$N = 12 - 8\delta - 4\lambda + \lambda^2 - 2\delta\lambda + \delta\lambda^2$，$v^{**} = -\dfrac{\delta(2+\lambda)}{4-\lambda-\delta(2+\lambda)}c + \dfrac{4-\lambda}{4-\lambda-\delta(2+\lambda)}p_{I1}^{*}$。

证明　由命题 5.1 可知当 $p_{I1} \geqslant \tilde{p}_{I1}$ 时，$V_{I1} = \varnothing$。如果令 $\beta = 1$，就得到

$$\bar{p}_{I1} = \frac{\delta(2+\lambda)}{4-\lambda}c + \frac{4-\lambda-\delta(2+\lambda)}{4-\lambda}$$。只要 p_{I1} 不小于 $\bar{p}_{I1}$，不管 β 取任何值，必定会

有 $V_{I1} = \varnothing$。当 $p_{I1} < \bar{p}_{I1}$ 时，V_{I1} 是否为空集取决于 β 的真实值。

（1）当 $p_{I1} \geqslant \bar{p}_{I1}$ 时，I 的期望利润为

$$E_\Pi(\Pi_I) = E(\Pi'_I) = \int_c^1 (p^*_{I2} - c)\frac{\beta - \dfrac{p^*_{I2} - p^*_E}{1-\lambda}}{\beta}\frac{1}{1-c}\mathrm{d}\beta = \frac{2(1-\lambda)(1-4c+(3-2\ln c)c^2)}{(1-c)(4-\lambda)^2}$$

（2）当 $p_{I1} < \bar{p}_{I1}$ 时，I 的期望利润为

$$\begin{aligned}
E_\Pi(\Pi_I) = E_\Pi(\Pi''_I) &= \int_c^{\tilde{v}}(p^*_{I2}-c)\frac{\beta - \dfrac{p^*_{I2}-p^*_E}{1-\lambda}}{\beta}\frac{1}{1-c}\mathrm{d}\beta \\
&\quad + \int_{\tilde{v}}^1\left((p_{I1}-c)\frac{\beta-\tilde{v}}{\beta} + (p^{**}_{I2}-c)\frac{\tilde{v}-\dfrac{p^{**}_{I2}-p^{**}_E}{1-\lambda}}{\beta}\right)\frac{1}{1-c}\mathrm{d}\beta \\
&= \frac{2(1-\lambda)(\tilde{v}^2 - 4c\tilde{v} + (3+2\ln\frac{\tilde{v}}{c})c^2)}{(1-c)(4-\lambda)^2} \\
&\quad + \frac{(p_{I1}-c)((4-\lambda-\delta(2+\lambda))^2(1-\tilde{v}) + (Mc+Np_{I1})\ln\tilde{v})}{(1-c)(4-\lambda-\delta(2+\lambda))^2}
\end{aligned}$$

$$(5.11)$$

其中，$\tilde{v} = -\dfrac{\delta(2+\lambda)}{4-\lambda-\delta(2+\lambda)}c + \dfrac{4-\lambda}{4-\lambda-\delta(2+\lambda)}p_{I1}$（当 $p_{I1} = p^*_{I1}$ 时，$\tilde{v} = v^{**}$）。

由于 $E_\Pi(\Pi''_I)\big|_{p_{I1}=c} = 0$，$E_\Pi(\Pi''_I)\big|_{p_{I1}=\bar{p}_{I1}} = E_\Pi(\Pi'_I)$，所以下面只需要着重分析 $E_\Pi(\Pi''_I)$。

总体来讲需要考察 $E_\Pi(\Pi''_I)$ 在区间 $(c, \bar{p}_{I1})$ 内关于 p_{I1} 的一阶到三阶导数。首先来

看三阶导数，显然 $\dfrac{\partial^3 E_\Pi(\Pi''_I)}{\partial p_{I1}^3} = \dfrac{(4-\lambda)(Kc + 2(4-\lambda)Np_{I1})}{(1-c)(4-\lambda-\delta(2+\lambda))^2((4-\lambda)p_{I1} - (2+\lambda)\delta c)^2} > 0$，

其中 $K = 32 - 96\delta - 8\lambda + 48\delta^2 + 4\lambda^2 - 16\delta\lambda - \lambda^3 + 36\delta^2\lambda + 8\delta\lambda^2 - 4\delta\lambda^3 - 3\delta^2\lambda^3$，

这说明 $\dfrac{\partial^2 E_\Pi(\Pi''_I)}{\partial p_{I1}^2}$ 关于 p_{I1} 单调递增。易知 $\dfrac{\partial^2 E_\Pi(\Pi''_I)}{\partial p_{I1}^2}\bigg|_{p_{I1}=c} = \dfrac{2N\ln c}{(1-c)(4-\lambda-\delta(2+\lambda))^2} < 0$，

然而 $\left.\dfrac{\partial^2 E_\Pi(\Pi_I'')}{\partial p_{I1}^2}\right|_{p_{I1}=\overline{p}_{I1}} = \dfrac{8-8\delta+\lambda^2-2\delta\lambda+\delta\lambda^2}{(4-\lambda-\delta(2+\lambda))^2}$ 的符号并不确定。先来看一阶导

数的情形，显然有 $\left.\dfrac{\partial E_\Pi(\Pi_I'')}{\partial p_{I1}}\right|_{p_{I1}=c} = \dfrac{1-c+c\ln c}{1-c} > 0$，$\left.\dfrac{\partial E_\Pi(\Pi_I'')}{\partial p_{I1}}\right|_{p_{I1}=\overline{p}_{I1}} = 0$。

当 $\delta \geqslant \dfrac{8+\lambda^2}{8+2\lambda-\lambda^2}$ 时，$\left.\dfrac{\partial^2 E_\Pi(\Pi_I'')}{\partial p_{I1}^2}\right|_{p_{I1}=\overline{p}_{I1}} \leqslant 0$，于是在区间 $(c,\overline{p}_{I1})$ 有 $\left.\dfrac{\partial^2 E_\Pi(\Pi_I'')}{\partial p_{I1}^2}\right| \leqslant 0$，

那么 $\dfrac{\partial E_\Pi(\Pi_I'')}{\partial p_{I1}} > 0$ 且是关于 p_{I1} 的单调减函数，这表明 $E_\Pi(\Pi_I'')$ 是关于 p_{I1} 单调增

加的凹函数，故 $E_\Pi(\Pi_I)$ 在区间 $(c,\overline{p}_{I1})$ 单调增加，在点 $p_{I1}=\overline{p}_{I1}$ 达到极大值并在此

后保持不变，如图 5.3 所示；此时 $V_{I1}=\varnothing$，I 的最优期望利润即为 I 在竞争阶段

最优利润的期望值。

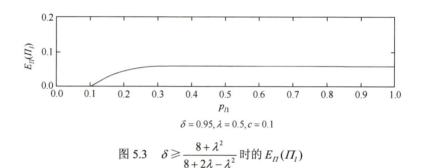

$$\delta=0.95,\lambda=0.5,c=0.1$$

图 5.3　$\delta \geqslant \dfrac{8+\lambda^2}{8+2\lambda-\lambda^2}$ 时的 $E_\Pi(\Pi_I)$

当 $\delta < \dfrac{8+\lambda^2}{8+2\lambda-\lambda^2}$ 时 $\left.\dfrac{\partial^2 E_\Pi(\Pi_I'')}{\partial p_{I1}^2}\right|_{p_{I1}=\overline{p}_{I1}} > 0$，即存在一点 $p_{I1}=\hat{p}_{I1}$ 使得在区间

$(c,\hat{p}_{I1})$ 内满足 $\dfrac{\partial^2 E_\Pi(\Pi_I'')}{\partial p_{I1}^2} < 0$，在区间 $(\hat{p}_{I1},\overline{p}_{I1})$ 内满足 $\dfrac{\partial^2 E_\Pi(\Pi_I'')}{\partial p_{I1}^2} > 0$，在点

$p_{I1}=\hat{p}_{I1}$ 满足 $\dfrac{\partial^2 E_\Pi(\Pi_I'')}{\partial p_{I1}^2} = 0$，那么 $\dfrac{\partial E_\Pi(\Pi_I'')}{\partial p_{I1}}$ 关于 p_{I1} 在区间 $(c,\hat{p}_{I1})$ 内单调减少，

在区间 $(\hat{p}_{I1},\overline{p}_{I1})$ 内单调增加，且存在一点 $p_{I1}=\hat{p}_{I1}' \in (c,\hat{p}_{I1})$，满足在区间 $(c,\hat{p}_{I1}')$ 内

$\dfrac{\partial E_\Pi(\Pi_I'')}{\partial p_{I1}} > 0$，在区间 $(\hat{p}_{I1}',\overline{p}_{I1})$ 内 $\dfrac{\partial E_\Pi(\Pi_I'')}{\partial p_{I1}} < 0$，在点 $p_{I1}=\hat{p}_{I1}'$ 满足

$\left.\dfrac{\partial E_\Pi(\Pi_I'')}{\partial p_{I1}}\right|_{p_{I1}=\hat{p}_{I1}'} = 0$。故 $E_\Pi(\Pi_I'')$ 关于 p_{I1} 在区间 $(c,\hat{p}_{I1}')$ 内单调增加，在区间

$(\hat{p}_{I1}',\overline{p}_{I1})$ 内单调减少，如图 5.4 所示。结合 $E_\Pi(\Pi_I'')\big|_{p_{I1}=\overline{p}_{I1}} = E_\Pi(\Pi_I')$，即可知

$p_{I1}^* = \hat{p}_{I1}'$。将 p_{I1}^* 代入期望利润函数即得到最优期望利润。

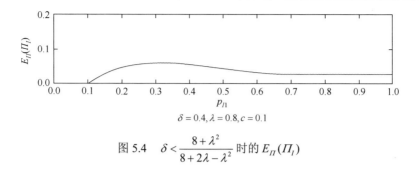

$$\text{图 5.4}\quad \delta < \frac{8+\lambda^2}{8+2\lambda-\lambda^2}\ \text{时的}\ E_{\Pi}(\Pi_I)$$

由命题 5.3，当 $\delta\in\left[\dfrac{8+\lambda^2}{8+2\lambda-\lambda^2},1\right)$ 时，必定有 p_{I1}^* 不小于 $\tilde{p}_{I1}$，因此 $V_{I1}=\varnothing$。

这说明如果消费者的策略水平超过了某个上限，产品创新者应当故意放弃垄断阶段，专注于与模仿者的竞争。然而这种情形比较少见，因为在 λ 的取值范围内，$\dfrac{8+\lambda^2}{8+2\lambda-\lambda^2}$ 的下界大约为 0.94281（此时 $\lambda=6\sqrt{2}-8\approx0.484$），这意味着消费者几乎是完全耐心的。因此在绝大多数情形下，产品创新者都不应主动放弃自己的垄断阶段。

5.4　需求强度信息的价值

本节将考察产品创新者采取市场调查等措施获取需求强度信息真实值后其垄断阶段价格的决策和最优利润（命题 5.4），以及需求强度信息的价值等问题（命题 5.5）。

5.4.1　需求强度真实值已知的情形

命题 5.4　令 p_{I1}^{**} 为产品销售开始阶段企业已获得 β 真实值情形下的产品垄断阶段最优定价，Π_I^{**} 为相应的企业最优利润，则有

（1）当 $\delta\in\left[\dfrac{8+\lambda^2}{8+2\lambda-\lambda^2},1\right)$ 时，p_{I1}^{**} 为区间 $[\tilde{p}_{I1},1]$ 内的任意值，相应的最优利润为 $\Pi_I^{**}=\Pi_{I2}^{*}=\dfrac{4(1-\lambda)(\beta-c)^2}{(4-\lambda)^2\beta}$。

（2）当 $\delta\in\left(0,\dfrac{8+\lambda^2}{8+2\lambda-\lambda^2}\right)$ 时，$p_{I1}^{**}=\dfrac{(N-M)c+(4-\lambda-\delta(2+\lambda))^2\beta}{2N}$，相应的最优利润为 $\Pi_I^{**}=\dfrac{(4-\lambda-\delta(2+\lambda))^2(\beta-c)^2}{4N\beta}$。

证明　如果产品销售开始阶段企业 I 已获得了 β 的真实值，那么 I 在决策产品垄断阶段价格时就不再面临需求强度的不确定性。

如果垄断价格 $p_{I1} \in [\tilde{p}_{I1}, 1]$，由命题 5.1 知，$V_{I1} = \varnothing$，竞争阶段均衡价格为 (p_{I2}^*, p_E^*)，企业 I 获得利润 $\Pi_I = \Pi_I' = \dfrac{4(1-\lambda)(\beta-c)^2}{(4-\lambda)^2 \beta}$。

如果垄断价格 $p_{I1} \in (c, \tilde{p}_{I1})$，由命题 5.2 知，$V_{I1} \neq \varnothing$，竞争阶段均衡价格为 (p_{I2}^{**}, p_E^{**})，企业 I 在两阶段获得的总利润为

$$\Pi_I = \Pi_I'' = (p_{I1}-c)\frac{\beta-v^*}{\beta} + (p_{I2}^{**}-c)\frac{v^* - \dfrac{p_{I2}^{**}-p_E^{**}}{1-\lambda}}{\beta}$$

$$= \frac{((4-\lambda-\delta(2+\lambda))^2\beta - Mc - Np_{I1})(p_{I1}-c)}{(4-\lambda-\delta(2+\lambda))^2\beta}$$

显然，$\Pi_I''\big|_{p_{I1}=c} = 0$，$\Pi_I''\big|_{p_{I1}=\tilde{p}_{I1}} = \Pi_I'$，因此只需考察区间 $(c, \tilde{p}_{I1})$ 内的 Π_I''。

由于 $\dfrac{\partial^2 \Pi_I''}{\partial p_{I1}^2} = -\dfrac{2N}{(4-\lambda-\delta(2+\lambda))^2\beta} < 0$，所以 $\dfrac{\partial \Pi_I''}{\partial p_{I1}}$ 是关于 p_{I1} 的单调减函数。

下面来看 Π_I'' 关于 p_{I1} 的一阶导数。$\dfrac{\partial \Pi_I''}{\partial p_{I1}}\bigg|_{p_{I1}=c} = \dfrac{\beta-c}{\beta} > 0$，而 $\dfrac{\partial \Pi_I''}{\partial p_{I1}}\bigg|_{p_{I1}=\tilde{p}_{I1}} = -\dfrac{(8+\lambda^2-(8+2\lambda-\lambda^2)\delta)(\beta-c)}{(4-\lambda)(4-\lambda-\delta(2+\delta))\beta}$ 符号不确定。

（1）当 $\delta \geqslant \dfrac{8+\lambda^2}{8+2\lambda-\lambda^2}$ 时，$\dfrac{\partial \Pi_I''}{\partial p_{I1}}\bigg|_{p_{I1}=\tilde{p}_{I1}} \geqslant 0$，因此在区间 $(c, \tilde{p}_{I1})$ 内有 $\dfrac{\partial \Pi_I''}{\partial p_{I1}} > 0$。

Π_I'' 在区间 $(c, \tilde{p}_{I1})$ 关于 p_{I1} 单调增加，Π_I 在点 $p_{I1} = \tilde{p}_{I1}$ 达到极大值后保持不变。

（2）当 $\delta < \dfrac{8+\lambda^2}{8+2\lambda-\lambda^2}$ 时，$\dfrac{\partial \Pi_I''}{\partial p_{I1}}\bigg|_{p_{I1}=\tilde{p}_{I1}} < 0$，因此存在一点 $p_{I1} = \hat{p}_{I1} \in (c, \tilde{p}_{I1})$，满足在区间 $(c, \hat{p}_{I1})$ 内 $\dfrac{\partial \Pi_I''}{\partial p_{I1}} > 0$，在区间 $(\hat{p}_{I1}, \tilde{p}_{I1})$ 内 $\dfrac{\partial \Pi_I''}{\partial p_{I1}} < 0$，在点 $p_{I1} = \hat{p}_{I1}$ 满足 $\dfrac{\partial \Pi_I''}{\partial p_{I1}}\bigg|_{p_{I1}=\hat{p}_{I1}} = 0$，结合 $\Pi_I''\big|_{p_{I1}=\tilde{p}_{I1}} = \Pi_I'$ 可知 $p_{I1}^{**} = \hat{p}_{I1}$。

求解 $\dfrac{\partial \Pi_I''}{\partial p_{I1}} = 0$，可得 p_{I1}^{**}，代入 Π_I''，可得 Π_I^{**}（p_{I1}^{**}，Π_I^{**} 关于 δ，λ 的概略图如图 5.5 所示）。

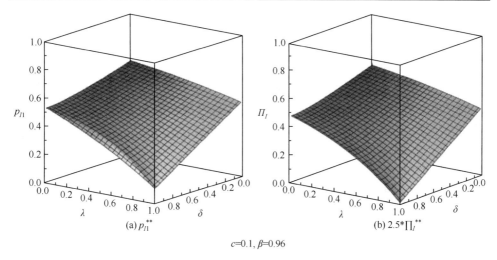

$$c=0.1, \beta=0.96$$

图 5.5 不存在需求强度不确定性情形下的 p_{I1}^{**} 和 $2.5 * \Pi_I^{**}$

　　与存在不确定性的情形一样，当消费者的策略水平过高，即消费者近乎完全耐心时，产品创新者应当专注于第二阶段和模仿者的竞争，不应主动放弃垄断阶段。

　　下面考察不存在需求强度不确定性情形下企业 I 产品的最优垄断价格及 I 的最优利润受到消费者策略水平（δ）和两企业产品之间质量差异（λ）的影响。由命题 5.4（1）可知，当 $\delta \in \left[\dfrac{8+\lambda^2}{8+2\lambda-\lambda^2}, 1 \right)$ 时，最优垄断价格并不是一个固定的值，而 $\Pi_I^{**} = \Pi_{I2}^*$ 在命题 5.1 的推论中已分析过，因此仅考虑 $\delta \in \left(0, \dfrac{8+\lambda^2}{8+2\lambda-\lambda^2} \right)$ 的情形。

　　推论 5.9　当 $\delta \in \left(0, \dfrac{8+\lambda^2}{8+2\lambda-\lambda^2} \right)$ 时，p_{I1}^{**} 和 Π_I^{**} 都是关于 δ 单调减少的凸函数。

　　推论 5.10　（1）当 $\delta \in \left(0, \dfrac{\sqrt{17}-1}{6} \right]$ 时，p_{I1}^{**} 和 Π_I^{**} 是关于 λ 单调减少的凹函数。

　　（2）当 $\delta \in \left(\dfrac{\sqrt{17}-1}{6}, \dfrac{8+\lambda^2}{8+2\lambda-\lambda^2} \right)$ 时，p_{I1}^{**} 和 Π_I^{**} 在 $(0, \lambda^*]$ 都是关于 λ 单调减少的凹函数，在 $(\lambda^*, 1)$ 都是关于 λ 单调减少的凸函数。其中，λ^* 满足 $F(\lambda^*) = 0$，
$$F = (3\delta-2)(1+\delta)^3\lambda^3 + 6(1-5\delta+3\delta^2)(1+\delta)^2\lambda^2 + 12(2-\delta)(1+\delta)(2+2\delta-3\delta^2)\lambda$$
$$-8(11-6\delta-12\delta^2+11\delta^3-3\delta^4) .$$

　　证明　以 p_{I1}^{**} 为例。

$\dfrac{\partial p_{\Pi}^{**}}{\partial \lambda} = -\dfrac{(4-\lambda-\delta(2+\lambda))(4+4\delta+2\lambda-6\delta^2-\delta\lambda-3\delta^2\lambda)(\beta-c)}{N^2} < 0$，故 p_{Π}^{**} 是关于 λ

的单调减函数。p_{Π}^{**} 关于 λ 的二阶导数为 $\dfrac{\partial^2 p_{\Pi}^{**}}{\partial \lambda^2} = \dfrac{2F(\beta-c)}{N^3}$。下面来考察 F 的情形：

其一阶导数 $\dfrac{\partial F}{\partial \lambda} = 3(1+\delta)(4-\lambda-\delta(2+\lambda))(4+4\delta+2\lambda-6\delta^2-\delta\lambda-3\delta^2\lambda) > 0$，故 F

是关于 λ 的单调增函数。易知，$F(0) = -8(11-6\delta-12\delta^2+11\delta^3-3\delta^4) < 0$，且有

$F(1) = 9(9\delta^2+3\delta-4)$。

当 $\delta \in \left(0, \dfrac{\sqrt{17}-1}{6}\right)$ 时，$F(1) < 0$，于是在区间 $(0,1)$ 内 $F < 0$，即 $\dfrac{\partial^2 p_{\Pi}^{**}}{\partial \lambda^2} < 0$；

当 $\delta \in \left(\dfrac{\sqrt{17}-1}{6}, \dfrac{8+\lambda^2}{8+2\lambda-\lambda^2}\right)$ 时，$F(1) > 0$，故存在一点 $\lambda = \lambda^*$，满足 $F(\lambda^*) = 0$，

且使得在区间 $(0,\lambda^*)$ 满足 $F < 0$，故有 $\dfrac{\partial^2 p_{\Pi}^{**}}{\partial \lambda^2} < 0$，在区间 $(\lambda^*,1)$ 满足 $F > 0$，于是

$\dfrac{\partial^2 p_{\Pi}^{**}}{\partial \lambda^2} > 0$。

显然，当消费者策略水平较高时，企业需要降低垄断阶段价格来增大消费者在垄断阶段购买的效用，同时这也相对减小了低价购买机会对消费者的吸引力，促使消费者在高价阶段购买，由于消费者寻找低价购买机会的行为迫使企业不得不降价，企业的利润因此受到损害；模仿者产品较高的质量水平使得两企业之间的产品差异化程度较小，从而引起激烈的竞争，创新者为了保证销售量不得不降低价格，导致利润减少。

5.4.2 需求强度信息的价值

接下来考虑需求强度信息价值的问题。在本章研究的问题中，需求强度信息的价值具有与第 2 章中信息价值相同的含义。利用本章的符号，存在模仿者进入市场竞争情形下的需求强度信息价值可以表达为

$$\mathrm{EV}_\beta = \dfrac{1}{1-c} \int_c^1 \Pi_I^{**} \mathrm{d}\beta - \Pi_I^* \tag{5.12}$$

命题 5.5 给出不同情形下 EV_β 的具体形式。

命题 5.5　（1）当 $\delta \in \left[\dfrac{8+\lambda^2}{8+2\lambda-\lambda^2}, 1\right)$ 时，那么

$$\mathrm{EV}_\beta = 0$$

（2）当 $\delta \in \left(0, \dfrac{8+\lambda^2}{8+2\lambda-\lambda^2}\right)$ 时，那么

$$
\begin{aligned}
\mathrm{EV}_\beta =& \frac{(8+\lambda^2-(8+2\lambda-\lambda^2)\delta)^2\left(v^{**2}-4cv^{**}+\left(3+2\ln\dfrac{v^{**}}{c}\right)c^2\right)}{8N(1-c)(4-\lambda)^2} \\
&+\frac{(4-\lambda-\delta(2+\lambda))^2(1-v^{**2})}{8N(1-c)}-\frac{((M-N)c+2Np_{I1}^*)^2\ln v^{**}}{4N(1-c)(4-\lambda-\delta(2+\lambda))^2} \\
&-\frac{((M-N)c+2Np_{I1}^*)(1-v^{**})}{2N(1-c)}
\end{aligned}
$$

证明　（1）当 $\delta \in \left[\dfrac{8+\lambda^2}{8+2\lambda-\lambda^2}, 1\right)$ 时，那么

$$
\begin{aligned}
\mathrm{EV}_\beta &= \frac{1}{1-c}\int_c^1 \Pi_I^{**}\mathrm{d}\beta - \Pi_I^* \\
&= \frac{1}{1-c}\int_c^1 (\Pi_I^{**}-\Pi_I(p_{I1}^*))\mathrm{d}\beta \\
&= \int_c^1 \left(\frac{4(1-\lambda)(\beta-c)^2}{(4-\lambda)^2\beta}-\frac{4(1-\lambda)(\beta-c)^2}{(4-\lambda)^2\beta}\right)\frac{1}{1-c}\mathrm{d}\beta \\
&= 0
\end{aligned}
$$

（2）当 $\delta \in \left(0, \dfrac{8+\lambda^2}{8+2\lambda-\lambda^2}\right)$ 时，那么

$$
\begin{aligned}
\mathrm{EV}_\beta &= \frac{1}{1-c}\int_c^1 \Pi_I^{**}\mathrm{d}\beta - \Pi_I^* \\
&= \frac{1}{1-c}\int_c^1 (\Pi_I^{**}-\Pi_I(p_{I1}^*))\mathrm{d}\beta \\
&= \int_c^{v^{**}} \left(\frac{(4-\lambda-\delta(2+\lambda))^2(\beta-c)^2}{4N\beta}-\frac{4(1-\lambda)(\beta-c)^2}{(4-\lambda)^2\beta}\right)\frac{1}{1-c}\mathrm{d}\beta \\
&\quad +\int_{v^{**}}^1 \Bigg(\frac{(4-\lambda-\delta(2+\lambda))^2(\beta-c)^2}{4N\beta} \\
&\quad\quad -\left((p_{I1}^*-c)\frac{\beta-v^{**}}{\beta}+\frac{4(1-\lambda)(p_{I1}^*-c)^2}{(4-\lambda-\delta(2+\lambda))^2\beta}\right)\Bigg)\frac{1}{1-c}\mathrm{d}\beta \\
&= \frac{(8+\lambda^2-(8+2\lambda-\lambda^2)\delta)^2\left(v^{**2}-4cv^{**}+\left(3+2\ln\dfrac{v^{**}}{c}\right)c^2\right)}{8N(1-c)(4-\lambda)^2}
\end{aligned}
$$

$$+ \frac{(4-\lambda-\delta(2+\lambda))^2(1-v^{**2})}{8N(1-c)} - \frac{((M-N)c+2Np_{I1}^*)^2 \ln v^{**}}{4N(1-c)(4-\lambda-\delta(2+\lambda))^2}$$

$$- \frac{((M-N)c+2Np_{I1}^*)(1-v^{**})}{2N(1-c)}$$

当消费者的策略水平足够高时，根据命题 5.3 和命题 5.4，创新者主动放弃垄断阶段的利润，由命题 5.1 描述的 $V_{I1}=\varnothing$ 情形将会出现，获知 β 的真实值不会给创新者带来任何额外利润，因此此时信息没有任何价值。否则，获知信息带来的期望额外利润不为零，可以将其与获知信息引入的成本相比较来决策是否应该采取获知信息的措施。

自然地，产品创新者采取措施获得的信息价值受到各项参数怎样的影响及模仿者会受到这些措施怎样的影响都是值得关注的问题。然而受到 p_{I1}^* 隐式表达式的限制，这些问题将留在数值实验部分进行考察。

5.5　算 例 分 析

本节利用数值方法做进一步的研究，并试图回答以下几个问题：

（1）最优垄断价格随着各个参数的变化有怎样的变化趋势？

（2）产品创新者的最优期望利润受到各参数怎样的影响？

（3）创新者的产品降价幅度如何及两企业产品间存在什么样的性价比差异？

（4）不同情景下需求强度信息价值怎样变化？企业如何决策是否采取措施获得需求强度真实值？

（5）创新者为获知真实需求强度而采取的措施对模仿者有怎样的影响？

（6）在创新者无法采取获知需求信息的措施时，模仿者应选择什么样的产品质量水平？

5.5.1　存在需求强度不确定性时的最优垄断价格

本节考察不确定情形下，最大化创新者期望利润的最优垄断价格受到各参数怎样的影响。图 5.6 给出了不同单位生产成本下的垄断阶段最优价格。从中可以看出，p_{I1}^* 随着 λ 的增大而减小。这是因为模仿者产品质量水平的提高增大了消费者的估计价值，强化了消费者等到竞争阶段购买模仿者产品的意愿，创新者为了保证高价格阶段的销售量，不得不降低垄断阶段价格吸引消费者提前购买。与第 2 章的情形类似，p_{I1}^* 随着 δ 的增大先减小后增大。然而随着 λ 的增大，p_{I1}^* 随着 δ 的增大而增大的的现象会推迟出现并减弱。这主要是受到了模仿者产品质量水平提高导致最优垄断价格下降的影响。

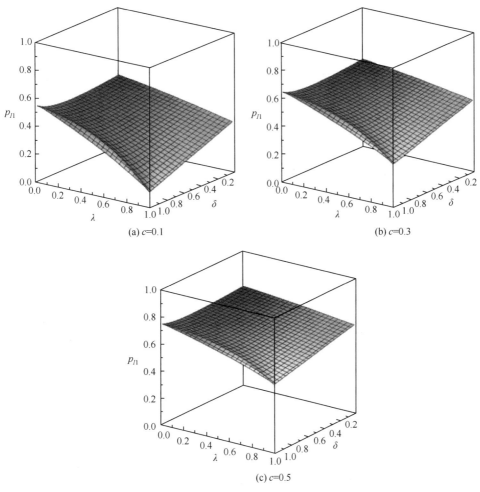

(a) $c=0.1$　　　　　　　　(b) $c=0.3$

(c) $c=0.5$

图 5.6　不同单位生产成本下的 p_{I1}^{*}

　　为了能将不同单位生产成本下的最优垄断价格放在一起进行比较，在 $c=0.1, 0.2, 0.3, 0.4, 0.5$ 时，考察指标 $P = \dfrac{p_{I1}^{*} - c}{1 - c}$，它体现了最优垄断价格在可能取值范围内的位置，即相对价格水平。如图 5.7 所示，发现 P 基本维持类似于 p_{I1}^{*} 的变化趋势。在面对策略型消费者和未来模仿者的竞争时，产品创新者似乎不应该将垄断价格的相对水平设置得太高（P 不超过 0.5）。此外，虽然当 c 较大时 P 也较大，但是 P 在不同的单位生产成本下基本维持在类似的水平。这说明最优垄断价格的相对水平对于单位生产成本的变化是不敏感的。

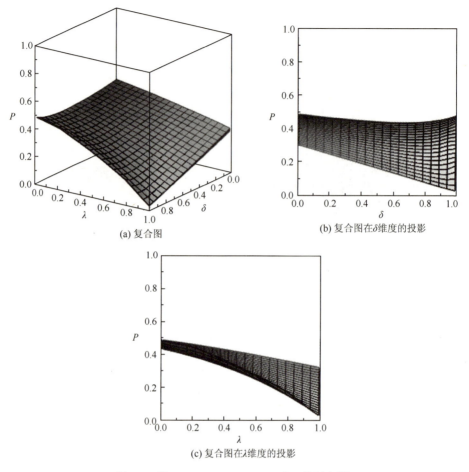

(a) 复合图

(b) 复合图在δ维度的投影

(c) 复合图在λ维度的投影

图 5.7　当 $c = 0.1, 0.2, 0.3, 0.4, 0.5$ 时 P 的复合图

5.5.2　存在需求强度不确定性时创新者的最优期望利润

图 5.8 给出了不确定情形下创新者的最优期望利润。从图 5.8 中可以看出，创新者的最优期望利润随着消费者策略水平、模仿者产品质量水平，以及单位生产成本的提高而减少。消费者策略水平的提高使消费者更有意愿在产品低价的时机购买，因此会对企业利润造成损害，这与直觉和已有文献的结果都是一致的。模仿者产品质量的提高增大了对消费者的吸引力，同时降低了产品之间的差异化程度，导致竞争更加激烈，因此会降低创新者的利润。单位生产成本的上升导致价格上升，而价格的上升只能覆盖成本增长的一部分，使得单位产品利润下降，价格的上升还会使销售量下降，从而降低企业的利润。

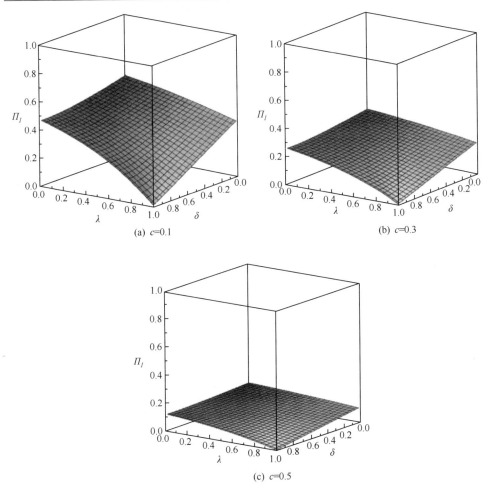

图 5.8　不同单位生产成本下的 $5*\Pi_I^*$

5.5.3　创新产品降价幅度和产品间性价比差异

本节分别利用指标 $P_{\text{markdown}} = p_{I2}^{\text{opt}}/p_{I1}^*$ 和 $CP = p_E^{\text{opt}}/(\lambda p_{I2}^{\text{opt}})$ 来考察创新产品的降价幅度和两企业产品之间的性价比差异。前者是根据 5.3 节中带有不确定性情形下决策的创新企业竞争阶段最优价格与垄断阶段最优价格的比值，P_{markdown} 越大，降价幅度越小；后者是相同情形下竞争阶段中创新产品性价比（$1/p_{I2}^{\text{opt}}$）与模仿产品性价比（λ/p_E^{opt}）的比值，由下文的数值分析可知 CP 始终小于 1，因此 CP 越大，产品之间性价比越接近。令 $c = 0.1, 0.3, 0.5$，$\delta = 0.2, 0.5, 0.8$，$\lambda = 0.2, 0.5, 0.8$。由图 5.9 和图 5.10，有以下发现。

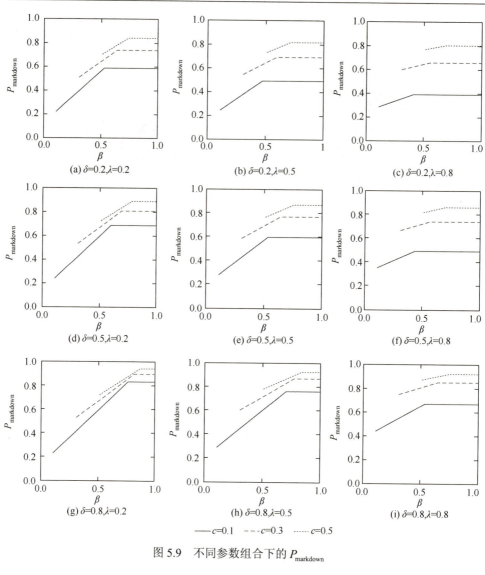

图 5.9 不同参数组合下的 $P_{markdown}$

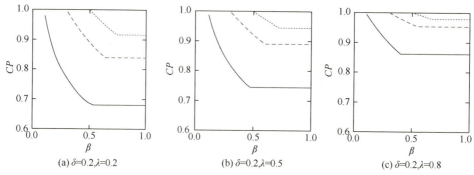

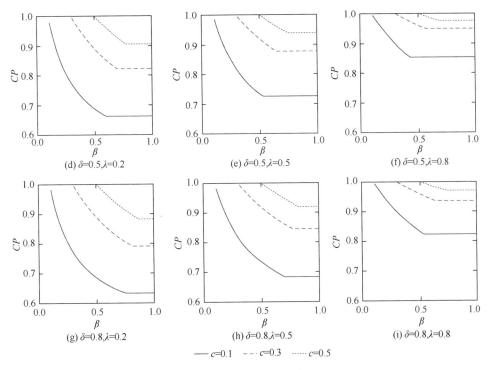

图 5.10　不同参数组合下的 CP

（1）在 β 维度上存在阈值，当 β 小于该阈值时，随着 β 的增大，P_{markdown} 是增大的，而 CP 是减少的；当 β 大于该阈值时，P_{markdown} 和 CP 保持不变。这意味着当需求强度较小时，创新企业需要用较大的降价幅度来增加销售量，而此时两个企业的产品具有接近的性价比；当需求强度较大时，创新企业可以减小降价幅度，此时两企业产品之间的性价比差别较大。当需求强度足够高时（超过 β 的阈值），根据命题 5.1 和命题 5.2，两企业的竞争阶段均衡价格均不受 β 的影响，因此保持不变。需要注意的是，模仿者产品总是具有更高的性价比，并且当需求强度不是足够高时（β 未超过阈值），这种性价比的优势随着需求强度的增强而增大，当需求强度达到一定程度，这种优势达到最大并不再变化。

（2）当 λ 增大时，P_{markdown} 在 β 维度上的变化幅度减小，CP 随着 λ 的增大而增大。前半部分说明模仿者产品质量水平的提高使得降价幅度对需求强度的变化更加不敏感；后半部分说明模仿者产品质量水平的提高使得其性价比的优势减少了。当模仿者产品的质量水平提高时，创新者产品的价格下降，因此其性价比增大；模仿者产品的性价比增长相对较慢，因此模仿者产品在质量水平提高的同时性价比优势却在下降。

（3）总体来说，P_{markdown} 随 δ 的增大而增大。消费者的策略水平越高，创新者就越需要减小降价幅度，促使消费者在高价阶段购买。但是也存在 P_{markdown} 随 δ 的增大而减小的情形，特别是当 δ 较大、λ 较小且 β 较小时。当 β 足够大时，CP 随 δ 的增大而减小，否则 CP 不受 δ 变化的影响。

（4）绝大多数情况下，P_{markdown} 和 CP 都随着 c 的增大而增大。单位生产成本的增大既限制了创新者产品的降价幅度，也削弱了模仿者产品的性价比优势。

5.5.4　需求强度信息价值

本节研究需求强度信息价值如何受各参数的影响。此外，为了能够给创新者决策何时应该采取获知需求信息强度的措施提供更直观的依据，还考察了指标 $R = \text{EV}_\beta \big/ \Pi_I^*$，即需求信息价值在未采取措施时最优期望利润中所占比例。如果采取措施所需的成本在未采取措施时最优期望利润 Π_I^* 中所占比例不超过 R，创新者就可以考虑采取这些措施。

根据图 5.11 所示，信息价值随着消费者策略水平的增大而减小，随着模仿者产品质量水平的提高而增大。这是因为当需求强度已知时的最优利润的期望值关于消费者策略水平的下降速度快于需求强度未知时的最优期望利润，而关于模仿者产品质量水平的下降速度，二者正好相反。此外，需求强度信息的价值还随着产品单位生产成本的上升而减少。

由图 5.12 可知，R 与需求强度信息价值的变化趋势是类似的。在所有的实例中，R 没有超过 20%。虽然 R 随着 c 的增大有微小的下降，但是总体来说 R 对于 c 的变化是不敏感的。

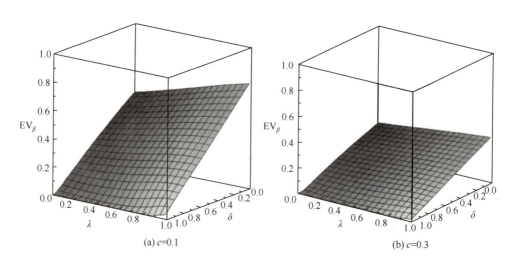

(a) c=0.1　　　　　　　　　　　　　　(b) c=0.3

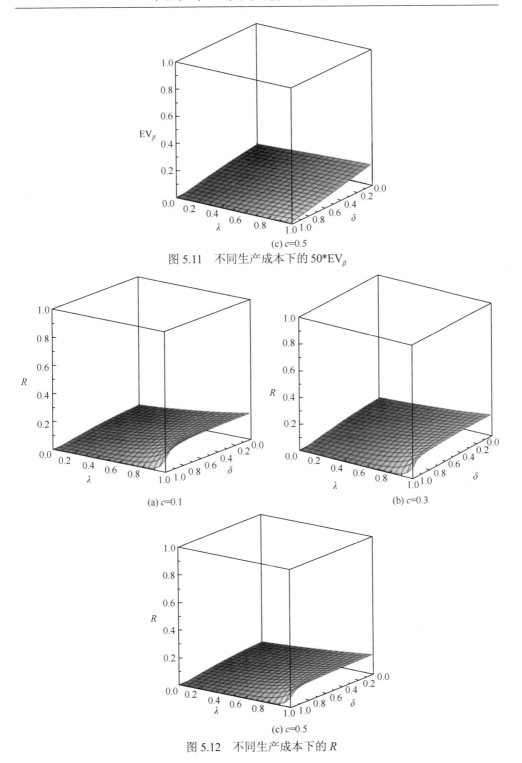

图 5.11 不同生产成本下的 50*EV_β

图 5.12 不同生产成本下的 R

5.5.5 创新者获知需求信息的措施对模仿者的影响

本节研究创新者为获知真实需求强度而采取的措施对于模仿者定价和利润的影响。令 $c = 0.1$，$\delta = 0.2, 0.5, 0.8$，$\lambda = 0.2, 0.5, 0.8$。图 5.13 给出了不同参数组合下确定性情形和不确定情形模仿者的产品价格。通过图 5.13 可以发现：对绝大多数实例需求强度已知与否价格的相对变化在 10% 以下。而且相对变化似乎随着 c 的增大而减小。只有在部分实例中价格的相对变化在 10%～20%。这意味着创新者采取的措施对模仿者定价的影响是较小的。需要注意的是：如果 β 不是足够大，模仿者的最优定价在创新者采取措施时比未采取措施时稍低。这是因为此时 p_Π^{**} 比 p_Π^* 更小，促使更多的消费者从竞争阶段进入到垄断阶段，企业在竞争阶段面对的需求强度变小，因此价格降低。当 β 足够大时，情形正好相反。

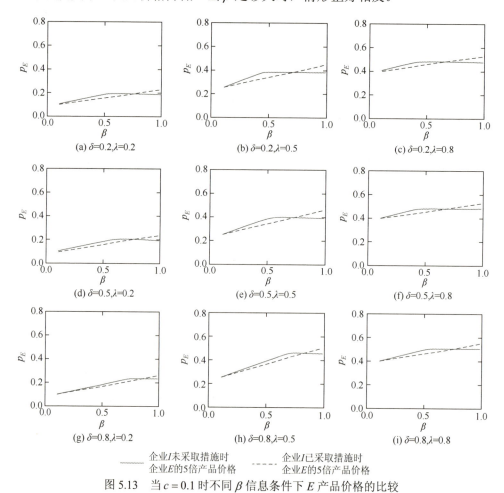

图 5.13　当 $c = 0.1$ 时不同 β 信息条件下 E 产品价格的比较

对于模仿者的利润来说，由图 5.14 可知创新者采取的措施影响很大。当 β 不是足够大时，创新者采取措施会使模仿者的利润减少 50% 左右。随着 β 的增大，采取措施对模仿者利润造成的伤害减少。当 β 足够大时，创新者采取措施对于模仿者是有利的，模仿者的利润甚至能够达到创新者未采取措施时的两倍。

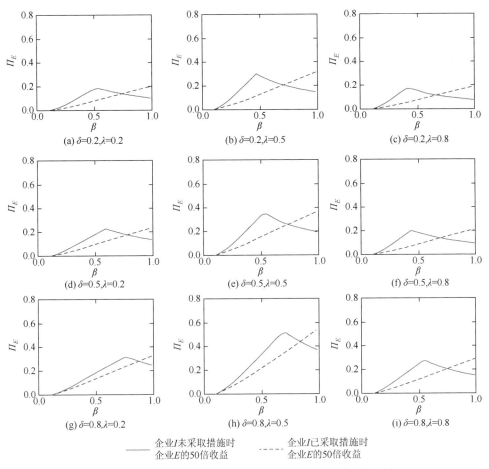

图 5.14　当 $c = 0.1$ 时不同 β 信息条件下 E 最优利润的比较

5.5.6　模仿者产品质量水平的选择

本小节考虑对于创新者来说真实需求强度无法获知或需要采取的措施成本过高时，模仿者产品质量水平的选择。模仿者在创新产品正式进入市场前获得关于产品的知识，完成逆向工程，开始组织生产，并于此时选择产品质量水平，然后创新者的新产品正式进入市场。模仿者在决策产品质量水平时面临着需求强度的不确定性，因此模仿者将以最大化期望利润为目标。图 5.15 显示了当 $c = 0.1, 0.3, 0.5$ 时

$100 * E_{\Pi}(\Pi_E)$ 的情形。显然，相对于创新产品的质量，模仿者似乎应该选择中等产品质量水平。对于这种现象可能的解释是：中等产品质量水平能够给消费者带来一定的吸引力，也不至于使单位生产成本太大，同时与创新产品具有一定的差异，不会引起企业之间激烈的竞争。

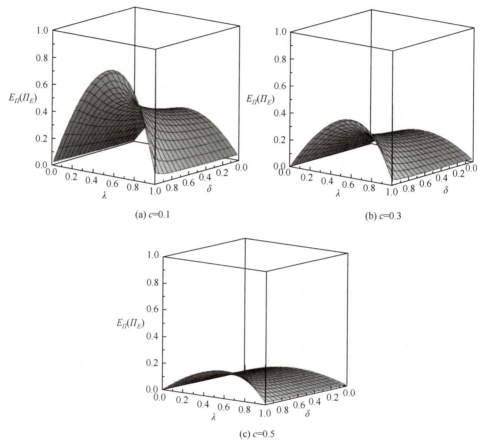

(a) $c=0.1$ (b) $c=0.3$

(c) $c=0.5$

图 5.15 不同单位生产成本下的 $100 * E_{\Pi}(\Pi_E)$

本 章 小 结

本章研究了面对策略型消费者时，产品创新者与模仿竞争者之间的定价博弈问题。两企业均不考虑生产能力的限制，且企业产品之间是垂直差异化的。本章在第 3 章模型的基础上进行了扩展，在第二阶段考虑模仿企业进入市场并与创新企业竞争，据此建立了动态博弈模型。利用逆向归纳法对模型进行求解，得到了竞争阶段两企业的产品均衡定价、均衡市场区间、均衡利润及垄断阶段最优价格和创新者在两个阶段内总的最优期望利润，分别考察了以上各变量所受消费者策略水平及模仿者产品质量水平等因素的影响并对其做出解释。本章还考察了创新企业为消除不确定性而采取措施获得市场需求强度真实水平后其最优垄断阶段价格和最优利润，以及市场需求强度信息的价值。结果表明，创新企业在消费者几乎是完全耐心的情形下应该主动放弃垄断阶段，专注于与模仿者的竞争；否则创新者不应主动放弃垄断优势。这一点与不存在竞争的情形是不同的（任何时候都不应主动放弃第一阶段销售量）。

　　通过数值实验，发现：①不确定情形下最优垄断价格是随着模仿者质量水平的提高而降低的，这是创新者为保证高价阶段销售量而与模仿者进行的竞争，这也导致了最优期望利润的降低。②模仿者产品质量水平较低时，与第 3 章的结果类似，最优垄断价格随着消费者策略水平的增大先减小后增大，最优期望利润随着消费者策略水平的增大而减小。然而需要注意的是，随着模仿者产品质量水平的提高，最优垄断价格随着消费者策略水平增大而增大的现象推迟出现并减弱了，这是受到了模仿者产品质量水平提高导致最优垄断价格下降的影响。③对最优垄断价格相对水平分析后发现，其相对于单位生产成本的变化是不敏感的；同时，面对策略型消费者和模仿竞争者，产品创新者不应将最优垄断价格相对水平设置得过高。④创新产品在需求强度较大、消费者策略水平较高或单位生产成本较大时应该有较小的降价幅度，而较高的模仿者产品质量水平会使降价幅度关于需求强度的波动更加不敏感。⑤相对于创新产品，模仿者的产品始终具有性价比的优势，而在需求强度较大、模仿者质量水平较低或者单位生产成本较低时这种优势更加明显。⑥需求强度信息的价值随着消费者策略水平和单位生产成本的增大而减小，随着模仿者产品质量水平的提高而增大，其在最优期望利润中所占的比例具有类似的变化趋势，但是关于单位生产成本的变化并不敏感。⑦创新者为获得需求强度真实值而采取的措施对模仿者定价的影响并不很大，但是却明显影响了模仿者的利润。而这些措施的采取在需求强度较低时损害了模仿者的利润，在需求强度较高时却对其有利。⑧最后考虑模仿者的产品质量水平决策问题，相对于创新产品，模仿者应该选择中等产品质量水平。

第6章　创新产品定价策略的选择

6.1　问 题 提 出

撒脂定价和渗透定价是企业在对新产品定价时采取的两种主要策略。撒脂定价是指企业在新产品上市初期采用较高价格，从高估计价值消费者处获得较高利润，随着时间推移再降低价格，目标转向低估计价值消费者的定价策略；渗透定价则是指企业在新产品上市初期就采用较低价格，以期在短期内获得较大销售量的定价策略。一般来说，当企业在短期内面临竞争威胁时应该采用渗透定价，否则就有可能考虑采用撒脂定价。当然，具体应该采用哪种定价策略还有许多其他因素需要考虑，而且似乎很难严格定义适合某一具体定价策略的场景。在 Hultink 和 Schoormans[3]的调查中，面对同样的情景时，半数的专业管理者选择了撒脂定价，其他的专业管理者则选择了渗透定价。在已有的研究撒脂定价与渗透定价的文献中，大多数研究都采用经验研究（empirical research）的方法，采用数学模型方法的较为少见。本章整合已有的研究成果[137]，通过建立一个两阶段模型试图对这一问题进行研究。此外，本章还考察企业折现因子和消费者策略购买行为对企业撒脂定价和渗透定价策略选择的影响。

本章内容结构安排如下：6.2 节对所研究问题进行数学描述；6.3 节对模型进行分析，得到不同情形下企业在各阶段的最优价格和策略型消费者的最优购买时机；6.4 节考察需求信息的价值；6.5 节通过数值实验得到一些管理方面的启示。

6.2　问 题 描 述

本章通过建立一个在管理科学中已经程式化的（stylized）模型来考察以下问题：在企业折现未来利润及市场上有策略型消费者存在时，企业应该为新产品制定怎样的定价策略（撒脂定价还是渗透定价）。概括地讲，销售正式开始时，企业以一个初始价格将新产品引入一个规模已知的市场，而在一段销售时期后，企业有一次机会调整产品的价格。消费者根据产品价格（或未来预期价格）和自身特点决定购买时机。

具体来说，在供应者方面，本章假设企业产品的单位生产成本为 c ，$c \in (0, 1)$，产品在第一阶段的价格为 p_1，第二阶段的价格为 p_2。此外，假设企业在两个阶段之间的折现因子为 γ ，那么企业在第二阶段实现的利润 Pr 折算到第一阶段就为

γPr。企业拥有不小于市场规模的生产能力，因此不考虑企业生产能力的限制。

在市场需求方面，所有的消费者在新产品销售正式开始时到达市场，并且每个消费者最多只需要一单位的产品。市场规模已知并且已标准化为 1。从对产品的估计价值来划分，消费者分为高估计价值类型（high type）和低估计价值类型（low type）。其中高估计价值类型消费者对于产品的估计价值为 v_H，在所有消费者中所占的比例为 α。消费者估计价值主要受到消费者收入的影响，自然地，假设高收入消费者比例较小，因此 $\alpha \in (0, 0.5)$。低估计价值类型消费者对于产品的估计价值为 v_L，在所有消费者中所占的比例就为 $1-\alpha$。其中 $0 < c < v_L < v_H \leqslant 1$。企业在开发新产品时需要投入大量的研发费用，因此在决策是否进行产品研发时企业会事先进行市场调查，消费者对产品有足够的认可程度才能使企业有信心收回固定成本并取得盈利，从而做出新产品开发的决策。因此，假设 $v_L > 0.5(1+c)$。新产品刚刚上市时，高端市场对于新产品的认可程度对于企业来说一般是未知的，因此假设 v_H 对于面临决策 p_1 的企业是一个在区间 $(v_L, 1]$ 内服从累积概率分布函数（cumulative distribution function）为 $F(v_H)$ 的随机变量。高估计价值类型的消费者又可分为两类：一类是短视型消费者，在整个市场中所占的比例为 ϕ；另一类是策略型消费者，在市场中所占比例为 $\alpha - \phi$。一般说来，策略型消费者所占比例对于企业来说是难以确定的，因此，假设 ϕ 也是一个随机变量，且在区间 $(0, \alpha)$ 中服从累积概率分布函数为 $G(\phi)$ 的分布。此外，还假设 v_H 和 ϕ 是相互独立的随机变量，而关于 v_H 和 ϕ 的不确定性在企业宣布 p_1 后消失，即它们的真实值变为市场公共知识。只要产品价格不超过其估计价值，高估计价值类型的短视型消费者和低估计价值类型的消费者就会选择购买产品，而策略型消费者会根据在两个阶段购买产品带来的效用差异来选择购买时机进而最大化其效用。所有的策略型消费者在两阶段之间拥有共同的折现因子 δ，因此其在第二阶段实现的效用 U 折算到第一阶段变为 δU。

以下列出了本章中所用到的部分数学符号：

c 表示企业的单位产品生产成本，$c \in (0, 1)$；

γ 表示企业的折现因子，$\gamma \in (0, 1)$；

p_1 表示产品在第一阶段的价格；

p_2 表示产品在第二阶段的价格；

α 表示高估计价值类型消费者在市场中的比例，$\alpha \in (0, 0.5)$；

ϕ 表示高估计价值类型中短视型消费者在市场中的比例，在 p_1 决策前对于企业是一个在区间 $(0, \alpha)$ 服从累积概率分布函数为 $G(\phi)$ 的随机变量，p_1 决策后其真实值成为市场公共知识；

δ 表示策略型消费者的折现因子，$\delta \in (0, 1)$；

v_L 表示低估计价值类型消费者的估计价值，$v_L \in (0.5(1+c), 1)$；

v_H 表示高估计价值类型消费者的估计价值, 在 p_1 决策前对于企业是一个在区间 $(v_L, 1]$ 服从累积概率分布函数为 $F(v_H)$ 的随机变量, p_1 决策后其真实值成为市场公共知识;

Π 表示企业在整个销售期内的折现利润。

6.3 模型分析

直观上来看, 如果企业的折现因子为 1, 那么企业在最大化其期望折现利润 (expected discounted profit) 时将第一阶段价格决策为 $p_1 = v_L$ 必定是次优的 (suboptimal)。因为如果将第一阶段价格定在区间 $(v_L, 1]$ 内可以有机会从高估计价值消费者处获得更高的消费者剩余。即使因为企业定价过高导致没有消费者在第一阶段购买, 企业还有机会在第二阶段将价格调整为 $p_2 = v_L$ 来清理市场 (clear the market), 并得到利润 $v_L - c$, 而这正是将第一阶段价格定为 v_L 所获得的利润。因此, 在 $\gamma = 1$ 的情形中, 相对于渗透定价, 撇脂定价始终是更好的定价策略。然而从后面的分析将看到, 当企业的折现因子小于 1 时, 企业将第一阶段价格定在区间 $(v_L, 1]$ 内可能会面临着期望折现利润小于 $v_L - c$ 的风险。这就意味着当 $\gamma \in (0, 1)$ 时, 渗透定价对于撇脂定价不再是占优策略 (dominant strategy), 在某些情况下, 渗透定价是更好的选择。下面利用逆向归纳法对模型进行分析。

6.3.1 第二阶段分析

第二阶段最优价格是与第一阶段价格和第二阶段市场中剩余的消费者集合相关的。接下来根据市场状态的不同来分析每个场景的第二阶段最优价格。这时不确定性已经消失, v_H 和 ϕ 的真实值已经成为市场公共知识。

显然, 当第二阶段市场中仍然有消费者存在时, 产品第二阶段价格不会低于 v_L。因此, 如果 $p_1 = v_L$, 所有的消费者都会选择在第一阶段购买。企业获得利润 $v_L - c$。也正是基于此, 可知第一阶段价格不会低于 v_L。

当 $p_1 \in (v_H, 1]$ 时, 没有消费者选择在第一阶段购买, 企业在第二阶段仍然面对所有的消费者。在这种情形下, 和其他策略相比, $p_2 = v_L$ 是企业的最优策略: $p_2 \in (v_H, 1]$ 导致所有消费者都不会购买; $p_2 \in (c, v_L)$ 显然劣于 $p_2 = v_L$; 当 $p_2 \in (v_L, v_H)$ 时, 只有高估计价值消费者才会购买, 由 $v_L > 0.5(1 + c)$, 可知 $(p_2 - c)\alpha \leqslant (v_H - c)\alpha < v_L - c$。因此, $p_2 \in (v_L, v_H]$ 劣于 $p_2 = v_L$。

当 $p_1 \in ((1 - \delta)v_H + \delta v_L, v_H]$ 时, 高估计价值类型中的短视型消费者已经在第一阶段完成购买, 低估计价值类型消费者仍然留在市场中。对于策略型消费者来说, 如果选择在第一阶段购买, 能够得到的效用为 $v_H - p_1$; 如果选择在第二阶段购买,

那么企业将会因为 $(v_H - c)(\alpha - \phi) < (v_L - c)(1 - \phi)$ 而在第二阶段定价 $p_2 = v_L$，这样策略型消费者将会得到效用 $\delta(v_H - v_L)$。由于 $\delta(v_H - v_L) > v_H - p_1$，策略型消费者会选择在第二阶段购买，此时企业在第二阶段定价为 $p_2 = v_L$。

当 $p_1 \in (v_L, (1-\delta)v_H + \delta v_L]$ 时，高估计价值类型中的短视型消费者及低估计价值类型消费者的情形与 $p_1 \in ((1-\delta)v_H + \delta v_L, v_H]$ 时的一样。而策略型消费者可以预计到第二阶段价格不低于 v_L，因此会在第一阶段购买。这是因为 $v_H - p_1 \geqslant \delta(v_H - v_L)$。这种情形下企业在第二阶段的定价为 $p_2 = v_L$。

基于以上的分析，企业在第二阶段的最优定价、最优利润，以及策略型消费者的最优购买时机可以总结为命题 6.1。

命题 6.1　令 p_2^* 为企业在第二阶段的最优定价，Π_2^* 为第二阶段最优利润，t^* 为策略型消费者的最优购买阶段。

（1）当 $p_1 \in (v_H, 1]$ 时，$p_2^* = v_L$，$\Pi_2^* = v_L - c$，$t^* = 2$。

（2）当 $p_1 \in ((1-\delta)v_H + \delta v_L, v_H]$ 时，$p_2^* = v_L$，$\Pi_2^* = (v_L - c)(1 - \phi)$，$t^* = 2$。

（3）当 $p_1 \in (v_L, (1-\delta)v_H + \delta v_L]$ 时，$p_2^* = v_L$，$\Pi_2^* = (v_L - c)(1 - \alpha)$，$t^* = 1$。

（4）当 $p_1 = v_L$ 时，p_2^* 和 Π_2^* 不存在，$t^* = 1$。

由命题 6.1 可以看出，企业在第二阶段总会将价格定为 $p_2 = v_L$ 来清理市场（如果第二阶段还有消费者留在市场中）。这是因为当企业选择为所有消费者提供产品时，低估计价值类型消费者较高的估计价值[$v_L > 0.5(1+c)$]能够保证较大的利润。在第一阶段，即使企业定价 $p_1 < v_H$，也不能保证策略型消费者一定立即购买［命题 6.1（2）］，除非第一阶段价格足够低［命题 6.1（3）和命题 6.1（4）］。具体来说，第一阶段价格存在一个阈值 $(1-\delta)v_H + \delta v_L$，只有当 $p_1 < (1-\delta)v_H + \delta v_L$ 时，策略型消费者才会决定在第一阶段购买。显然，$(1-\delta)v_H + \delta v_L$ 是关于 δ 的单调减函数。这意味着当策略型消费者更有耐心的时候，企业不得不降低第一阶段价格才能吸引他们尽早购买。

6.3.2　第一阶段分析

给定了策略型消费者的反应和相应的第二阶段最优价格，企业将以最大化期望折现利润为目标决策产品第一阶段价格。接下来，下面先给出分段的折现利润函数，以此为基础可以计算折现利润的期望值。

$$
\Pi = \begin{cases}
\gamma(v_L - c), & p_1 \in (v_H, 1] \\
(p_1 - c)\phi + \gamma(v_L - c)(1 - \phi), & p_1 \in ((1-\delta)v_H + \delta v_L, v_H] \\
(p_1 - c)\alpha + \gamma(v_L - c)(1 - \alpha), & p_1 \in (v_L, (1-\delta)v_H + \delta v_L] \\
v_L - c, & p_1 = v_L
\end{cases} \tag{6.1}
$$

令 $\bar{p}_1 = 1 - \delta + \delta v_L$，需要注意的是，当 $p_1 > \bar{p}_1$ 时，消费者必定不会在第一阶段购买，因此式（6.1）中最后两项将不会出现。令 $E_{\Pi 1}$ 为 $p_1 \in (\bar{p}_1, 1]$ 时企业的期望折现利润，则有

$$E_{\Pi 1} = \int_0^\alpha \left(\int_{v_L}^{p_1} \gamma(v_L - c)\mathrm{d}F(v_H) + \int_{p_1}^1 ((p_1 - c)\phi + \gamma(v_L - c)(1-\phi))\mathrm{d}F(v_H) \right)\mathrm{d}G(\phi)$$

$$= \gamma(v_L - c) + (p_1 - \gamma v_L - (1-\gamma)c)\bar{F}(p_1)E(\phi)$$

$$(6.2)$$

其中，$\bar{F}(p_1) = 1 - F(p_1)$。

当 $p_1 \in (v_L, \bar{p}_1]$ 时，式（6.1）中的最后一项不会出现。令 $E_{\Pi 2}$ 为 $p_1 \in (v_L, \bar{p}_1]$ 时企业的期望折现利润，则有

$$E_{\Pi 2} = \int_0^\alpha (\int_{v_L}^{p_1} \gamma(v_L - c)\mathrm{d}F(v_H) + \int_{p_1}^{\frac{p_1 - \delta v_L}{1-\delta}} ((p_1 - c)\phi + \gamma(v_L - c)(1-\phi))\mathrm{d}F(v_H)$$

$$+ \int_{\frac{p_1 - \delta v_L}{1-\delta}}^1 ((p_1 - c)\alpha + \gamma(v_L - c)(1-\alpha))\mathrm{d}F(v_H))\mathrm{d}G(\phi)$$

$$= \gamma(v_L - c) + \alpha(p_1 - \gamma v_L - (1-\gamma)c)\bar{F}\left(\frac{p_1 - \delta v_L}{1-\delta}\right)$$

$$+ (p_1 - \gamma v_L - (1-\gamma)c)\left(F\left(\frac{p_1 - \delta v_L}{1-\delta}\right) - F(p_1)\right)E(\phi)$$

$$(6.3)$$

其中，$\bar{F}\left(\dfrac{p_1 - \delta v_L}{1-\delta}\right) = 1 - F\left(\dfrac{p_1 - \delta v_L}{1-\delta}\right)$。

当 $p_1 = v_L$ 时，$\Pi = v_L - c$。

注意 $p_1 = \bar{p}_1$ 的情形属于式（6.3）给定的形式。

命题 6.2 总结了企业的期望折现利润函数，最大化期望折现利润函数的第一阶段价格即是第一阶段最优定价。

命题 6.2　企业的期望折现利润函数为

$$E_{\Pi} = \begin{cases} E_{\Pi 1}, & p_1 \in (\bar{p}_1, 1] \\ E_{\Pi 2}, & p_1 \in (v_L, \bar{p}_1] \\ v_L - c, & p_1 = v_L \end{cases} \quad (6.4)$$

企业的第一阶段最优定价[①]即为

$$p_1^* = \arg\max E_{\Pi}$$

由式（6.4）可知，企业的期望折现利润是一个分段函数。在给定各项参数后，

---

① 当出现 $E_{\Pi 1} = E_{\Pi 2} = v_L - c$ 时，假设企业选择定价 $p_1 = v_L$。

函数每一段的最大值（或者上界）都可以很方便的求解。因此，只需要比较函数每一段的最大值（或者上界），就可以确定企业期望折现利润函数的最大值，以及企业的第一阶段最优定价。

6.4 确定性情形及需求信息的价值

新产品上市初期的市场需求不确定性给企业的产品定价决策带来很大的困难。然而不确定性可以由企业通过采取市场调查等措施消除，这样可以为企业带来更多的利润。采取措施不可避免地会引入额外成本，只有这种成本在不高于增加利润的期望值时企业才会考虑采取这些措施。因此，在不同情形下采取措施所能增加利润的期望值，即需求信息的价值，是本节关心的问题。在考察需求信息价值之前，首先要分析确定性情形下企业的第一阶段最优定价和整个销售期内的最优折现利润。

6.4.1 确定性情形

如果不存在需求不确定性，显然 $p_1 \in ((1-\delta)v_H + \delta v_L, v_H)$ 劣于 $p_1 = v_H$，$p_1 \in (v_L, (1-\delta)v_H + \delta v_L)$ 劣于 $p_1 = (1-\delta)v_H + \delta v_L$，$p_1 \in (c, v_L)$ 劣于 $p_1 = v_L$。当 $p_1 = v_H$ 时，$\Pi = (v_H - c)\phi + \gamma(v_L - c)(1-\phi)$，当 $p_1 = (1-\delta)v_H + \delta v_L$ 时，$\Pi = ((1-\delta)v_H + \delta v_L - c)\alpha + \gamma(v_L - c)(1-\alpha)$，当 $p_1 = v_L$ 时，$\Pi = v_L - c$。此时只需要将在这三种价格下获得的折现利润相互比较，即可得到最优定价与最优利润。令 p_1^{**} 为不确定性消除后第一阶段最优定价，Π^{**} 为相应的企业最优期望折现利润。于是有

$$p_1^{**} = \begin{cases} v_H, & \gamma > \max\{\gamma_1, \gamma_3\} \\ (1-\delta)v_H + \delta v_L, & \gamma_2 < \gamma \leqslant \gamma_3 \\ v_L, & \gamma \leqslant \min\{\gamma_1, \gamma_2\} \end{cases} \tag{6.5}$$

$$\Pi^{**} = \begin{cases} (v_H - c)\phi + \gamma(v_L - c)(1-\phi), & \gamma > \max\{\gamma_1, \gamma_3\} \\ ((1-\delta)v_H + \delta v_L - c)\alpha + \gamma(v_L - c)(1-\alpha), & \gamma_2 < \gamma \leqslant \gamma_3 \\ v_L - c, & \gamma \leqslant \min\{\gamma_1, \gamma_2\} \end{cases} \tag{6.6}$$

其中，$\gamma_1 = \dfrac{v_L - \phi v_H - (1-\phi)c}{(1-\phi)(v_L - c)}$，$\gamma_2 = \dfrac{(1-\alpha\delta)v_L - \alpha(1-\delta)v_H - (1-\alpha)c}{(1-\alpha)(v_L - c)}$，

$\gamma_3 = \dfrac{\alpha\delta v_L + (\alpha(1-\delta) - \phi)v_H - (\alpha - \phi)c}{(\alpha - \phi)(v_L - c)}$，$\gamma_1, \gamma_2 \in (0, 1)$。

令 $\delta_1 = \dfrac{\alpha - \phi}{\alpha}$，$\delta_2 = \dfrac{\alpha - \phi}{\alpha(1-\phi)}$：

（1）当 $\delta \in (0, \delta_1]$ 时，满足 $\gamma_2 < \gamma_1 < \gamma_3$ 及 $\gamma_3 \geqslant 1$，因此

$$p_1^{**} = \begin{cases} (1-\delta)v_H + \delta v_L, & \gamma_2 < \gamma < 1 \\ v_L, & 0 < \gamma \leqslant \gamma_2 \end{cases} \tag{6.7}$$

$$\Pi^{**} = \begin{cases} ((1-\delta)v_H + \delta v_L - c)\alpha + \gamma(v_L - c)(1-\alpha), & \gamma_2 < \gamma < 1 \\ v_L - c, & 0 < \gamma \leqslant \gamma_2 \end{cases} \tag{6.8}$$

（2）当 $\delta \in (\delta_1, \delta_2)$ 时，满足 $\gamma_2 < \gamma_1 < \gamma_3$ 及 $\gamma_3 < 1$，因此

$$p_1^{**} = \begin{cases} v_H, & \gamma_3 < \gamma < 1 \\ (1-\delta)v_H + \delta v_L, & \gamma_2 < \gamma \leqslant \gamma_3 \\ v_L, & 0 < \gamma \leqslant \gamma_2 \end{cases} \tag{6.9}$$

$$\Pi^{**} = \begin{cases} (v_H - c)\phi + \gamma(v_L - c)(1-\phi), & \gamma_3 < \gamma < 1 \\ ((1-\delta)v_H + \delta v_L - c)\alpha + \gamma(v_L - c)(1-\alpha), & \gamma_2 < \gamma \leqslant \gamma_3 \\ v_L - c, & 0 < \gamma \leqslant \gamma_2 \end{cases} \tag{6.10}$$

（3）当 $\delta \in [\delta_2, 1)$ 时，满足 $\gamma_3 \leqslant \gamma_1 \leqslant \gamma_2$，因此

$$p_1^{**} = \begin{cases} v_H, & \gamma_1 < \gamma < 1 \\ v_L, & 0 < \gamma \leqslant \gamma_1 \end{cases} \tag{6.11}$$

$$\Pi^{**} = \begin{cases} (v_H - c)\phi + \gamma(v_L - c)(1-\phi), & \gamma_1 < \gamma < 1 \\ v_L - c, & 0 < \gamma \leqslant \gamma_1 \end{cases} \tag{6.12}$$

当 $\gamma = \gamma_1$ 时，企业对于第一阶段定价为 $p_1 = v_H$ 和 $p_1 = v_L$ 是无差异的；当 $\gamma = \gamma_2$ 时，企业对于第一阶段定价为 $p_1 = (1-\delta)v_H + \delta v_L$ 和 $p_1 = v_L$ 是无差异的；当 $\gamma = \gamma_3$ 时，企业对于第一阶段定价为 $p_1 = (1-\delta)v_H + \delta v_L$ 和 $p_1 = v_H$ 是无差异的。因此，这些关于 γ 的值是在确定性情形下企业改变其定价策略的分界线。

当策略型消费者的耐心程度足够低时（$\delta \leqslant \delta_1$），高定价将策略型消费者推至第二阶段购买总是劣于较低定价吸引策略型消费者在第一阶段购买[因为当 $\delta \leqslant \delta_1$ 时，有 $\gamma_3 \geqslant 1$ 成立，此时 γ 必定小于 γ_3，故有不等式 $(v_H - c)\phi + \gamma(v_L - c)(1-\phi) < ((1-\delta)v_H + \delta v_L - c)\alpha + \gamma(v_L - c)(1-\alpha)$ 成立，即定价 $p_1 = v_H$ 的折现利润低于定价 $p_1 = (1-\delta)v_H + \delta v_L$ 的折现利润]。这是因为在撇脂定价策略下，$\delta \leqslant \delta_1$ 时吸引策略型消费者尽早购买不需要企业将第一阶段价格降低太多。当 δ 超过 δ_1 时，定价 $p_1 = (1-\delta)v_H + \delta v_L$ 吸引策略型消费者尽早购买可能会使第一阶段价格有较大的下降。因此，δ_1 代表策略型消费者耐心程度的一个阈值：当耐心程度小于该阈值时，企业不会放弃吸引策略型消费者在第一阶段购买，当耐心程度大于该阈值时，企业有放弃使策略型消费者尽早购买的可能。

当策略型消费者的耐心程度足够高时（$\delta > \delta_2$），在撇脂定价策略下，为了吸引策略型消费者尽早购买而使第一阶段价格下降太多是不值得的。然而，当 $\delta \leqslant \delta_2$ 时，在撇脂定价策略下存在吸引策略型消费者尽早购买优于放弃他们尽早购买的

可能性。因此 δ_2 代表策略型消费者耐心程度的另一个阈值：当耐心程度小于该阈值时，在撇脂定价策略下企业在某些情形下会选择促使策略型消费者在第一阶段购买；当耐心程度大于该阈值时，在撇脂定价策略下促使消费者尽早购买始终劣于放弃他们在第一阶段购买。

6.4.2　需求信息的价值

利用本章的符号，需求信息的价值可以表示为 $\mathrm{EV}=E_{\Pi^{**}}(p_1^{**})-E_{\Pi}(p_1^*)$。其中 $E_{\Pi}(p_1^*)$ 的计算方式已由命题 6.2 给出。下面通过命题 6.3 给出 $E_{\Pi^{**}}(p_1^{**})$ 的具体形式。

命题 6.3　企业采取措施消除需求不确定性所能得到的折现利润的期望为

（1）当 $v_L \geqslant v_{L4}$ 时，

$$E_{\Pi^{**}}(p_1^{**})=v_L-c \tag{6.13}$$

（2）当 $v_{L2} \leqslant v_L < v_{L4}$ 时，

$$E_{\Pi^{**}}(p_1^{**})=\int_0^{\phi_1}(v_L-c)\mathrm{d}G(\phi)+\int_{\phi_1}^{\alpha}\left(\int_{v_L}^{v_{H1}}(v_L-c)\mathrm{d}F(v_H)+\int_{v_{H1}}^1 \Pi_1^{**}\mathrm{d}F(v_H)\right)\mathrm{d}G(\phi) \tag{6.14}$$

（3）当 $v_L < v_{L2}$ 时，

$$\begin{aligned}
E_{\Pi^{**}}(p_1^{**})&=\int_0^{\phi_2}\left(\int_{v_L}^{v_{H2}}(v_L-c)\mathrm{d}F(v_H)+\int_{v_{H2}}^1 \Pi_2^{**}\mathrm{d}F(v_H)\right)\mathrm{d}G(\phi)\\
&\quad+\int_{\phi_2}^{\frac{\alpha(1-\delta)}{1-\alpha\delta}}\left(\int_{v_L}^{v_{H2}}(v_L-c)\mathrm{d}F(v_H)+\int_{v_{H2}}^{v_{H3}}\Pi_2^{**}\mathrm{d}F(v_H)+\int_{v_{H3}}^1 \Pi_1^{**}\mathrm{d}F(v_H)\right)\mathrm{d}G(\phi)\\
&\quad+\int_{\frac{\alpha(1-\delta)}{1-\alpha\delta}}^{\alpha}\left(\int_{v_L}^{v_{H1}}(v_L-c)\mathrm{d}F(v_H)+\int_{v_{H1}}^1 \Pi_1^{**}\mathrm{d}F(v_H)\right)\mathrm{d}G(\phi)
\end{aligned} \tag{6.15}$$

其中，$v_{H1}=\dfrac{(1-\gamma+\beta\gamma)v_L-(1-\gamma)(1-\phi)c}{\phi}$，$v_{H2}=\dfrac{(1-\alpha\delta-\gamma+\alpha\gamma)v_L-(1-\alpha)(1-\gamma)c}{\alpha(1-\delta)}$，

$v_{H3}=\dfrac{(\alpha\delta-\alpha\gamma+\phi\gamma)v_L-(1-\gamma)(\alpha-\phi)c}{\alpha\delta-\alpha+\phi}$，$v_{L2}=\dfrac{\alpha(1-\delta)+(1-\alpha)(1-\gamma)c}{1-\alpha\delta-\gamma+\alpha\gamma}$，$v_{L4}=\dfrac{\alpha+(1-\alpha)(1-\gamma)c}{1-\gamma+\alpha\gamma}$，

$\phi_1=\dfrac{(1-\gamma)(v_L-c)}{1-\gamma v_L-(1-\gamma)c}$，$\phi_2=\dfrac{\alpha(1-\delta)+\alpha(\delta-\gamma)v_L-\alpha(1-\gamma)c}{1-\gamma v_L-(1-\gamma)c}$，$\Pi_1^{**}=(v_H-c)\phi+$

$\gamma(v_L-c)(1-\phi)$，$\Pi_2^{**}=((1-\delta)v_H+\delta v_L-c)\alpha+\gamma(v_L-c)(1-\alpha)$。

证明　由于 v_H 和 ϕ 相互独立，先对给定 ϕ 的 Π^{**} 关于 v_H 求积分，得到 $E_{\Pi^{**}}\big|_{\phi}$；再对 $E_{\Pi^{**}}\big|_{\phi}$ 关于 ϕ 求积分。

（1）给定 ϕ，当 $\delta \in (0, \delta_1]$ 时，有 $\gamma_2 < \gamma_1 < 1 \leq \gamma_3$，因此最优折现利润函数化简为

$$\Pi^{**} = \begin{cases} ((1-\delta)v_H + \delta v_L - c)\alpha + \gamma(v_L - c)(1-\alpha), & \gamma_2 < \gamma < 1 \\ v_L - c, & 0 < \gamma \leq \gamma_2 \end{cases}$$

同时 $\gamma \leq \gamma_2$ 等价于 $v_H \leq v_{H2}$。如果 $v_{H2} \geq 1$，或者说 $v_L \geq v_{L2}$，意味着必定有 $\gamma \leq \gamma_2$（$\Pi^{**} = v_L - c$）；如果 $v_{H2} < 1$，或者说 $v_L < v_{L2}$，意味着 $v_H > v_{H2}$ 和 $v_H \leq v_{H2}$ 都有可能出现，于是 $E_{\Pi^{**}}\big|_\phi = \int_{v_L}^{v_{H2}} (v_L - c) dF(v_H) + \int_{v_{H2}}^{1} \Pi_2^{**} dF(v_H)$。因此

$$E_{\Pi^{**}}\big|_\phi = \begin{cases} v_L - c, & v_L \geq v_{L2} \\ \int_{v_L}^{v_{H2}} (v_L - c) dF(v_H) + \int_{v_{H2}}^{1} \Pi_2^{**} dF(v_H), & v_L < v_{L2} \end{cases} \tag{6.16}$$

按照同样的思路可以得到

当 $\delta \in (\delta_1, \delta_2)$ 时，

$$E_{\Pi^{**}}\big|_\phi = \begin{cases} v_L - c, & v_L \geq v_{L2} \\ \int_{v_L}^{v_{H2}} (v_L - c) dF(v_H) + \int_{v_{H2}}^{1} \Pi_2^{**} dF(v_H), & v_{L3} \leq v_L < v_{L2} \\ \int_{v_L}^{v_{H2}} (v_L - c) dF(v_H) + \int_{v_{H2}}^{v_{H3}} \Pi_2^{**} dF(v_H) + \int_{v_{H3}}^{1} \Pi_1^{**} dF(v_H), & v_L < v_{L3} \end{cases}$$
$$\tag{6.17}$$

其中，$v_{L3} = \dfrac{\alpha\delta - \alpha + \phi + (1-\gamma)(\alpha - \phi)c}{\alpha\delta - \alpha\gamma + \phi\gamma}$。

当 $\delta \in [\delta_2, 1)$ 时，

$$E_{\Pi^{**}}\big|_\phi = \begin{cases} v_L - c, & v_L \geq v_{L1} \\ \int_{v_L}^{v_{H1}} (v_L - c) dF(v_H) + \int_{v_{H1}}^{1} \Pi_1^{**} dF(v_H), & v_L < v_{L1} \end{cases} \tag{6.18}$$

其中，$v_{L1} = \dfrac{\phi + (1-\phi)(1-\gamma)c}{1-\gamma+\phi\gamma}$。

（2）下面再对 $E_{\Pi^{**}}\big|_\phi$ 关于 ϕ 求积分。式（6.16）～式（6.18）可以等价地转换为以下形式。

当 $\phi \in (0, \alpha(1-\delta)]$ 时，

$$E_{\Pi^{**}}\big|\phi = \begin{cases} v_L - c, & v_L \geq v_{L2} \\ \int_{v_L}^{v_{H2}} (v_L - c) dF(v_H) + \int_{v_{H2}}^{1} \Pi_2^{**} dF(v_H), & v_L < v_{L2} \end{cases} \tag{6.19}$$

当 $\phi \in \left(\alpha(1-\delta), \dfrac{\alpha(1-\delta)}{1-\alpha\delta} \right)$ 时，

$$E_{\Pi^{**}}\big|_{\phi} = \begin{cases} v_L - c, & v_L \geqslant v_{L2} \\ \displaystyle\int_{v_L}^{v_{H2}}(v_L-c)\mathrm{d}F(v_H) + \int_{v_{H2}}^{1}\Pi_2^{**}\mathrm{d}F(v_H), & v_L < v_{L2},\ \phi \leqslant \phi_2 \\ \displaystyle\int_{v_L}^{v_{H2}}(v_L-c)\mathrm{d}F(v_H) + \int_{v_{H2}}^{v_{H3}}\Pi_2^{**}\mathrm{d}F(v_H) + \int_{v_{H3}}^{1}\Pi_1^{**}\mathrm{d}F(v_H), & v_L < v_{L2},\ \phi > \phi_2 \end{cases}$$

（6.20）

当 $\phi \in \left[\dfrac{\alpha(1-\delta)}{1-\alpha\delta}, 1 \right)$ 时，

$$E_{\Pi^{**}}\big|_{\phi} = \begin{cases} v_L - c, & \phi \leqslant \phi_1 \\ \displaystyle\int_{v_L}^{v_{H1}}(v_L-c)\mathrm{d}F(v_H) + \int_{v_{H1}}^{1}\Pi_1^{**}\mathrm{d}F(v_H), & \phi > \phi_1 \end{cases}$$

（6.21）

注意到 $v_{L2} < v_{L4} < 1$，因此需要在 $v_L \geqslant v_{L4}$，$v_{L2} \leqslant v_L < v_{L4}$ 和 $v_L < v_{L2}$ 三种情形下计算 $E_{\Pi^{**}}\big|_{\phi}$ 关于 ϕ 的积分，得到命题 6.3。

通过对比需求信息的价值和消除不确定性措施的成本，企业就可以决策是否需要采取这些措施。由于 p_1^*，$E_{\Pi}(p_1^*)$ 和 EV 的隐式表达形式，需要通过数值分析对其进行研究。

6.5 算 例 分 析

6.5.1 第一阶段最优价格

本节试图考察第一阶段最优价格受到各参数怎样的影响。这反映了在不同参数下企业对撇脂定价和渗透定价的策略选择。为了方便分析，在 6.5.1 小节和 6.5.2 小节中 v_H 服从均匀分布，ϕ 服从一般分布。于是式（6.2）可转化为

$$E_{\Pi 1} = -\frac{E(\phi)}{(1-v_L)}p_1^2 + \frac{E(\phi)(1+\gamma v_L + (1-\gamma)c)}{1-v_L}p_1$$
$$- \frac{\gamma v_L^2 - \gamma(1+c-E(\phi))v_L + (E(\phi)+\gamma-\gamma E(\phi))c}{1-v_L}$$

显然，此时 $E_{\Pi 1}$ 的全局最优解为

$$\tilde{p}_1 = \frac{1+\gamma v_L + (1-\gamma)c}{2}$$

（6.22）

$$E_{\Pi 2} = -\frac{\alpha - \delta E(\phi)}{(1-\delta)(1-v_L)}p_1^2 + \frac{(\alpha(\gamma+\delta) - \delta(1+\gamma)E(\phi))v_L + (1-\gamma)(\alpha - \delta E(\phi))c + \alpha(1-\delta)}{(1-\delta)(1-v_L)}p_1$$

$$-\frac{\gamma(1-\delta(1-\alpha+E(\phi)))v_L^2}{(1-\delta)(1-v_L)} + \frac{((\gamma - \delta(\alpha - E(\phi)) - \gamma\delta(1-\alpha+E(\phi)))c + \gamma(1-\alpha)(1-\delta))v_L}{(1-\delta)(1-v_L)}$$

$$-\frac{(1-\delta)(\alpha+\gamma-\alpha\gamma)c}{(1-\delta)(1-v_L)}$$

$E_{\Pi 2}$ 的全局最优解为

$$\hat{p}_1 = \frac{(\alpha(\delta+\gamma) - \delta(1+\gamma)E(\phi))v_L + (1-\gamma)(\alpha - \delta E(\phi))c + \alpha(1-\delta)}{2(\alpha - \delta E(\phi))} \quad (6.23)$$

因此，第一阶段最优价格为

$$p_1^* = \begin{cases} \arg\max\{v_L - c,\ E_\Pi(\tilde{p}_1)\}, & \overline{p}_1 < \tilde{p}_1 \leqslant 1 \text{ 且 } \hat{p}_1 \geqslant \overline{p}_1 \\ \arg\max\{v_L - c,\ E_\Pi(\tilde{p}_1),\ E_\Pi(\hat{p}_1)\}, & \overline{p}_1 < \tilde{p}_1 \leqslant 1 \text{ 且 } v_L < \hat{p}_1 < \overline{p}_1 \\ \arg\max\{v_L - c,\ E_\Pi(\tilde{p}_1)\}, & \overline{p}_1 < \tilde{p}_1 \leqslant 1 \text{ 且 } \hat{p}_1 \leqslant v_L \\ \arg\max\{v_L - c,\ E_\Pi(\overline{p}_1)\}, & \tilde{p}_1 \leqslant \overline{p}_1 \text{ 且 } \hat{p}_1 \geqslant \overline{p}_1 \\ \arg\max\{v_L - c,\ E_\Pi(\hat{p}_1)\}, & \tilde{p}_1 \leqslant \overline{p}_1 \text{ 且 } v_L < \hat{p}_1 < \overline{p}_1 \\ v_L, & \tilde{p}_1 \leqslant \overline{p}_1 \text{ 且 } \hat{p}_1 \leqslant v_L \end{cases} \quad (6.24)$$

图 6.1 展示了两种情景下的第一阶段最优价格。其中图 6.1（a）属于第二个情景 $\overline{p}_1 < \tilde{p}_1 \leqslant 1$ 且 $v_L < \hat{p}_1 < \overline{p}_1$；图 6.1（b）属于第五个情景 $\tilde{p}_1 \leqslant \overline{p}_1$ 且 $v_L < \hat{p}_1 < \overline{p}_1$。

对于 6.5.1 小节和 6.5.2 小节的分析，令 $c = 0.1,\ 0.4$，$v_L = 0.56,\ 0.71$，$\alpha = 0.2,\ 0.4$，$E(\phi) = 0.1,\ 0.2$，γ 和 δ 的值分别从 0.01 到 0.99，并以 0.01 为步长。需要注意的是，根据本章 $v_L > 0.5(1+c)$ 的假设，任何包含 $\{c = 0.4, v_L = 0.56\}$ 或者 $\{\alpha = 0.2, E(\phi) = 0.2\}$ 的参数组合都是没有意义的。根据图 6.2，做出以下分析。

（1）企业的折现因子存在一个阈值，当折现因子大于该阈值时，企业采取撇脂定价；反之采取渗透定价。特别地，当企业采取撇脂定价时，如果其他条件不变，较大的企业折现因子总是伴随着较高的第一阶段最优价格［图 6.2（a）～图 6.2（i）］。

现象的原因分析如下：当资金紧张或者对未来较严重通货膨胀风险的预期使得企业拥有较低的折现因子时，企业相对来说更加看重近期的利润。然而不确定性的存在使得企业在新产品上市初期定价较高时暴露在近期利润较低的风险当中。当采取撇脂定价得到的期望折现利润小于采用低价获得的确定性利润时，企业会直接采用渗透定价策略。

（2）单位产品生产成本的上涨增加了企业采用撇脂定价策略的可能性［图 6.2，（d）对比（g），（e）对比（h），（f）对比（i）］。企业选择撇脂定价还是渗透定价取决于采取撇脂定价最优期望折现利润和采取渗透定价利润的高低。在一个由于单位生产成本上涨而使企业的最优策略由渗透定价变为撇脂定价的场景中，生产成本上

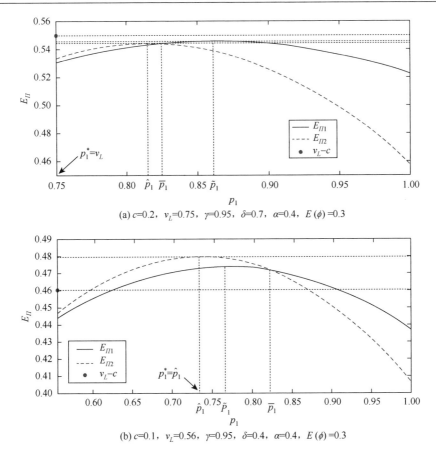

(a) c=0.2，v_L=0.75，γ=0.95，δ=0.7，α=0.4，$E(\phi)$=0.3

(b) c=0.1，v_L=0.56，γ=0.95，δ=0.4，α=0.4，$E(\phi)$=0.3

图 6.1　v_H 服从均匀分布时的第一阶段最优定价

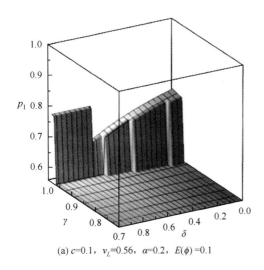

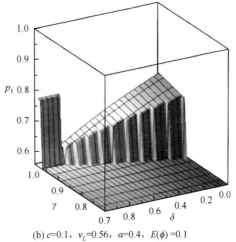

(a) c=0.1，v_L=0.56，α=0.2，$E(\phi)$=0.1

(b) c=0.1，v_L=0.56，α=0.4，$E(\phi)$=0.1

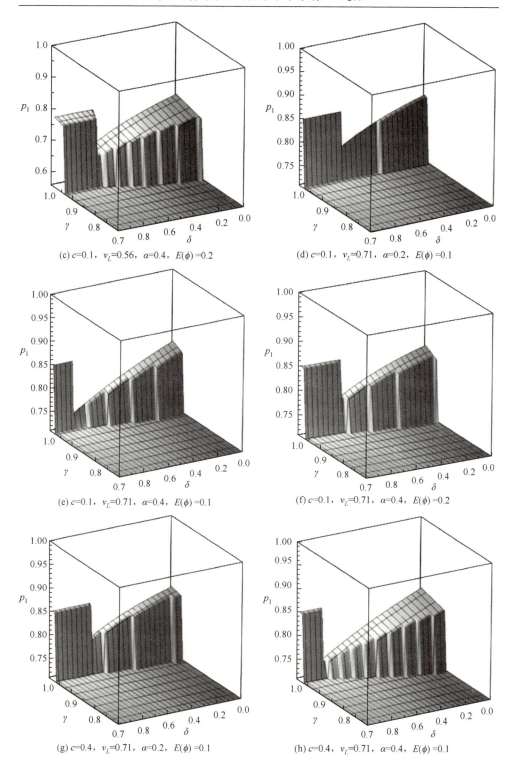

(c) c=0.1，v_L=0.56，α=0.4，$E(\phi)$=0.2　　　　　(d) c=0.1，v_L=0.71，α=0.2，$E(\phi)$=0.1

(e) c=0.1，v_L=0.71，α=0.4，$E(\phi)$=0.1　　　　　(f) c=0.1，v_L=0.71，α=0.4，$E(\phi)$=0.2

(g) c=0.4，v_L=0.71，α=0.2，$E(\phi)$=0.1　　　　　(h) c=0.4，v_L=0.71，α=0.4，$E(\phi)$=0.1

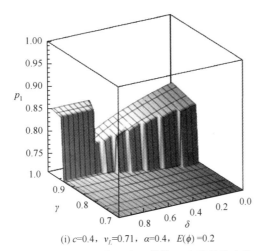

(i) $c=0.4$，$v_L=0.71$，$\alpha=0.4$，$E(\phi)=0.2$

图 6.2　不同参数组合下的第一阶段最优定价

升后仍采用渗透定价会使企业损失一个确定的利润值，而改为采用撇脂最优定价可能会损失较少的利润值，由此导致单位生产成本上升后撇脂最优定价获得的期望折现利润高于渗透定价获得的利润。

（3）对于低估计价值类型消费者来说，其估计价值的增大在多数场景中会使第一阶段最优价格上升，在其他场景中使第一阶段最优价格下降；此外，低类型估计价值的增大还减少了企业采用撇脂定价的可能性［图 6.2，(a) 对比 (d)，(b) 对比 (e)，(c) 对比 (f)］。这种可能性的减少也是导致上述场景中第一阶段最优价格下降的原因。

（4）策略型消费者耐心程度的增加同样会减少企业采用撇脂定价的可能性，特别是当高估计价值类型消费者所占比例较大，以及策略型消费者所占比例较大时。当企业的折现因子足够高时，企业总会采用撇脂定价，并且第一阶段最优定价先随着策略型消费者耐心程度的增大而减小，然后突然增大并保持不再变化［图 6.2 (a)～图 6.2 (i)］。

当采用撇脂定价时，企业为了吸引策略型消费者较早购买会降低第一阶段最优定价。当消费者越耐心时，第一阶段最优定价越低。但是如果消费者耐心程度过高，为吸引他们尽早购买而将第一阶段价格降低太多对利润损害太大，因此并不值得。此时企业会放弃策略型消费者在第一阶段的购买，这时策略型消费者耐心程度的影响就无法体现在第一阶段最优定价中。此外，消费者的策略购买行为会降低企业采用撇脂定价获得的期望折现利润，因此降低了企业采用撇脂定价的可能性。

（5）高估计价值类型消费者所占比例的上升增大了企业采用撇脂定价的可能性，但是第一阶段最优价格是否随之增加还要看高估计价值类型消费者的组成。如果比例的上升主要是由短视型消费者增加造成的，那么第一阶段最优价格很可能会升高，否则就可能会降低［图 6.2，分组对比 (a)、(b)、(c)，(d)、(e)、(f)，(g)、(h)、(i)］。

（6）与直觉相一致，短视型消费者的比例增大使得第一阶段最优定价升高，也增大了企业采取撇脂定价的可能性 [图6.2, (b) 对比 (c), (e) 对比 (f), (h) 对比 (i)]。

6.5.2 最优期望折现利润

最优期望折现利润的情形要比第一阶段最优定价简单一些。由图6.3可知, 除去所对比情景均采用渗透定价的情形, 对最优期望折现利润起到正相关作用的因素有低估计价值类型消费者的估计价值 [图6.3, (a) 对比 (d), (b) 对比 (e), (c) 对比 (f)]、企业折现因子 [企业采取撇脂定价时, 图6.3 (a) ～图6.3 (i)]、高估计价值类型消费者所占比例 [图6.3, 分组对比 (a)、(b)、(c), (d)、(e)、(f), (g)、(h)、(i)] 及短视型消费者所占比例 [图6.3, (b) 对比 (c), (e) 对比 (f), (h) 对比 (i)]。而单位产品生产成本的增加则会减少企业的最优期望折现利润。

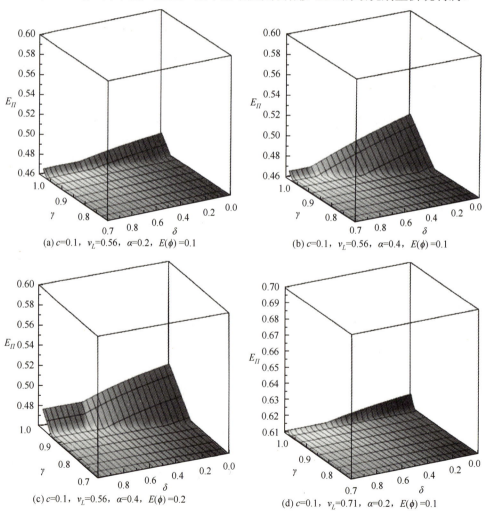

(a) $c=0.1$, $v_L=0.56$, $\alpha=0.2$, $E(\phi)=0.1$

(b) $c=0.1$, $v_L=0.56$, $\alpha=0.4$, $E(\phi)=0.1$

(c) $c=0.1$, $v_L=0.56$, $\alpha=0.4$, $E(\phi)=0.2$

(d) $c=0.1$, $v_L=0.71$, $\alpha=0.2$, $E(\phi)=0.1$

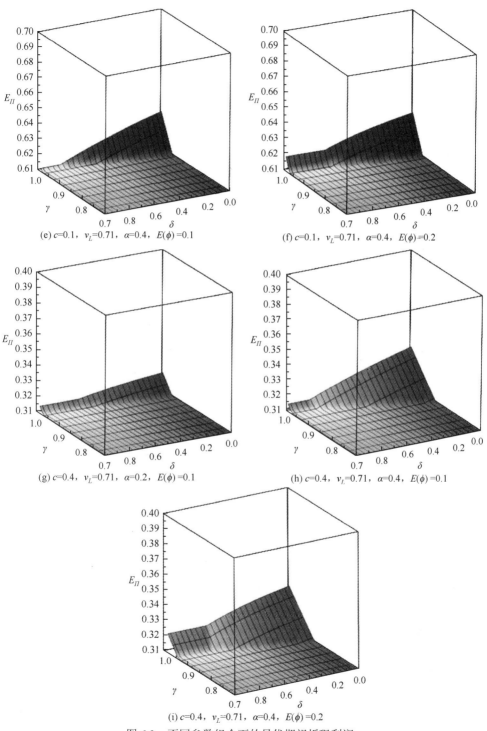

(e) c=0.1，v_L=0.71，α=0.4，$E(\phi)$=0.1

(f) c=0.1，v_L=0.71，α=0.4，$E(\phi)$=0.2

(g) c=0.4，v_L=0.71，α=0.2，$E(\phi)$=0.1

(h) c=0.4，v_L=0.71，α=0.4，$E(\phi)$=0.1

(i) c=0.4，v_L=0.71，α=0.4，$E(\phi)$=0.2

图 6.3　不同参数组合下的最优期望折现利润

6.5.3　需求信息的价值

为了便于分析，在本小节的数值实验中假设 v_H 和 ϕ 在各自的取值范围内服从均匀分布。各项参数中除了 $E(\phi)$，其他参数的取值与 6.5.1 小节和 6.5.2 小节是相同的。

由图 6.4 可知，单位生产成本，总体来说对需求信息价值起到正相关的作用，但是当 γ 足够大时起到负相关的作用。而高估计价值消费者所占比例越高，需求信息价值就越大；低估计价值消费者的估计价值越高，需求信息价值越小。

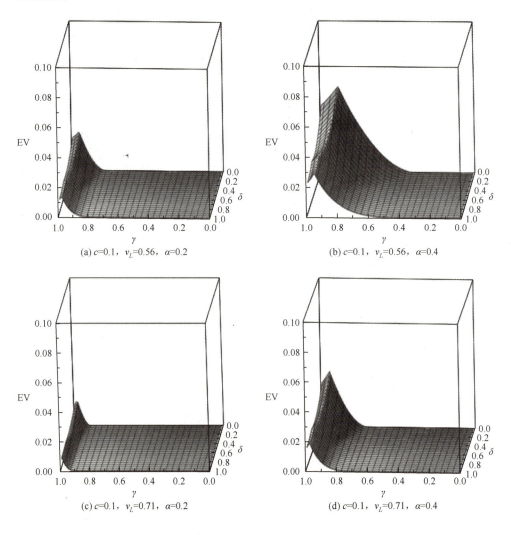

(a) c=0.1，v_L=0.56，α=0.2

(b) c=0.1，v_L=0.56，α=0.4

(c) c=0.1，v_L=0.71，α=0.2

(d) c=0.1，v_L=0.71，α=0.4

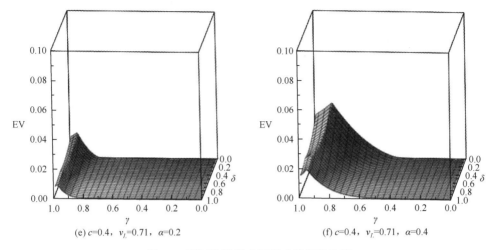

(e) $c=0.4$，$v_L=0.71$，$\alpha=0.2$　　　　　(f) $c=0.4$，$v_L=0.71$，$\alpha=0.4$

图 6.4 不同参数组合下需求信息的价值

　　在 γ 的维度上，需求信息的价值随着 γ 的增大先增大后减小，如图 6.4 所示。通过对比图 6.2 与图 6.4，可以发现企业在不确定性情形下采用撇脂定价和渗透定价的分界线关于 δ 和 γ 的坐标似乎与需求信息价值在 γ 维度上最大值的坐标是重合的。因此可以推测当企业对采取撇脂定价和渗透定价无差异（至少是几乎无差异）时，需求信息的价值最大。为了验证这个猜测，在本章数值实验设置下的一些场景中，找出了撇脂定价最优期望折现利润与渗透定价利润差异最小的点，这些点组成了"近似无差异"曲线（"approximate-indifference" curve）；同时还找出了在 γ 维度上需求信息价值最大的点，组成了"最大信息价值"曲线（"max-information-value" curve）。结果表明这两条曲线是近似重合的，如图 6.5 所示。这在一定程度上验证了上文中的猜测。对这种现象可以理解为：对于一个最优策

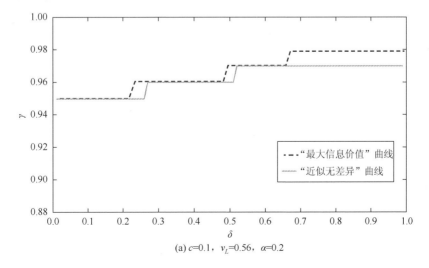

(a) $c=0.1$，$v_L=0.56$，$\alpha=0.2$

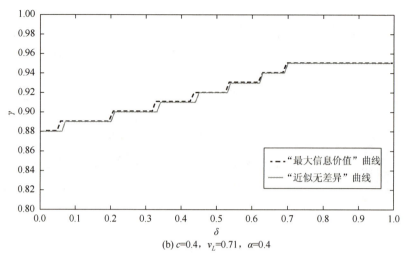

(b) c=0.4，v_L=0.71，α=0.4

图 6.5   "最大信息价值"曲线与"近似无差异"曲线的比较

略为渗透定价的不确定情形来说，采取消除不确定性的措施可能会使最优策略变为撇脂定价，从而获得高于渗透定价利润的折现利润期望值。如果在这个场景的基础上 γ 稍微增大，渗透定价利润不变而确定性情形的折现利润期望值增大，因此需求信息价值增大。但是当 γ 增加到一定程度时，即使不采取消除不确定性的措施，最优策略也会由渗透定价变为撇脂定价，从而获得比渗透定价利润更高的期望折现利润，减少了与采取措施后获得折现利润期望值的差距，因此需求信息的价值开始下降。

本 章 小 结

本章通过建立并求解一个两阶段模型来研究在企业折现未来利润及存在策略型消费者时，垄断企业对新产品的定价策略选择。通过求解模型，得到了企业在各阶段的产品最优定价和策略型消费者的最优购买时机。此外，还考察了消除需求不确定性的措施的价值。通过数值实验，发现存在需求不确定性且企业无法频繁调整价格的情形下，当企业折现因子高于一个阈值时，撇脂定价是较优的策略；否则，即使企业没有面临竞争威胁，也应该采用渗透定价。消费者的策略购买行为会增大企业采用撇脂定价需要达到的折现因子阈值，因此减少了企业采用撇脂定价的可能性。最后，需求信息的价值似乎在企业对撇脂定价和渗透定价无差异时达到最大值，因此这种情形下采取消除需求不确定性的措施是最有价值的。

本章研究的局限性也是明显的：没有考虑生产能力限制对定价策略选择的影响。此外，通过数值实验结果得到的管理学启示可能受到随机变量分布的影响，将来还需要针对已得到的结果在随机变量服从其他分布的情形下进行验证。

第7章 总结与展望

7.1 全书总结

创新产品定价对于管理者来说既是重要的任务又是巨大的挑战，而消费者的策略购买行为进一步增加了决策的困难程度。本书利用非合作博弈理论对这一问题进行了研究。针对产品生命周期缩短和消费者追求公平等因素导致企业无法频繁调整产品价格的情况，建立了两阶段模型；为了描述创新产品的市场需求不确定性，假设最大消费者估计价值在企业决策第一阶段价格时为随机变量。采用逆向归纳法对模型进行求解，并考察需求信息的价值。通过数值实验分析不同参数对各项指标的影响并得到具有管理启示的性质。

本书的主要结论如下。

（1）在不考虑企业对未来利润折现和生产能力限制的条件下，研究消费者的策略购买行为对创新产品的定价、企业期望利润和需求强度信息价值等指标的影响，通过解析和算例分析发现：

第一阶段最优价格随着消费者策略水平的提高先减小后增大，这可能是因为当消费者策略水平足够高时，与确定性情形的最优定价相比，企业第一阶段定价较低而需求强度较高时造成的利润损失超过了第一阶段定价较高而需求强度较低时造成的利润损失。

产品在第二阶段降价幅度随着消费者策略水平的升高而减小，这可以减少低价购买机会对消费者的吸引力，促使消费者在高价阶段购买。

企业最优期望利润和需求强度信息价值随着消费者策略水平的升高单调减少。这是因为较高的策略水平使得消费者有更强的意愿在第二（低价）阶段购买，从而降低了第一（高价）阶段的利润，而不确定性主要在第一阶段产生影响。

单位生产成本的上升会提高第一阶段最优价格绝对水平、降低最优期望利润和需求强度信息的绝对价值，而对第一阶段最优价格相对水平和信息价值在期望利润中所占比例影响不大。因此，企业应当在不降低消费者估计价值的前提下设法降低单位生产成本，同时其第一阶段相对价格水平决策和是否采取消除不确定性措施的决策几乎不受单位生产成本变化的影响。

（2）在将基本模型扩展到考虑企业生产能力限制的情形时，利用遗传算法求解第一阶段近似最优定价，通过数值实验分析第一阶段价格决策、企业的期望利润和需求强度信息的价值。结果表明：

当企业生产能力足够大时，其变化对第一阶段价格决策和企业期望利润的影响表现得并不明显，此时，同基本模型的情形类似，随着消费者策略水平的提高，第一阶段价格应该先减小后增大，企业期望利润则单调减少。这是因为较大的生产能力有很大可能性并不构成约束。

当企业生产能力较小时，随着生产能力的增大，第一阶段价格下降而企业期望利润上升，此时消费者的策略水平对第一阶段价格和企业期望利润的影响被削弱。这是因为产能较小带来的短缺效应使得两个阶段价格差异较小，降低了消费者等待低价购买的意愿。

当消费者策略水平较高时，企业应该建立相较于市场最大可能需求量中等水平的生产能力，否则，应该在中等水平基础上适度扩展产能。在消费者策略水平较高的情形下，企业应该利用生产能力限制带来的短缺效应促使消费者在高价阶段购买，从而提高利润；如果消费者策略水平较低，则无法通过限制产能来增加利润。

单位生产成本的上升会提高第一阶段价格，降低企业的期望利润和需求强度信息的价值。

需求强度信息的价值随着消费者策略水平的提高而下降，并且在企业拥有中等水平的生产能力时达到最大值，此时企业从采取消除不确定性措施中获得的期望额外利润最大。

（3）在基本模型的基础上考虑创新者与模仿者的竞争时，得到了竞争的均衡价格、均衡利润及需求强度信息价值的完备解析形式。数值实验的结果表明：

随着模仿者产品质量的提高，第一阶段最优价格和创新者最优期望利润均减小，这是因为模仿者产品质量的提升增大了对消费者的吸引力，迫使创新者降低垄断阶段价格吸引消费者提前购买。另外，创新者产品降价幅度受需求强度变化的影响随之变小，模仿者产品的性价比优势减小，而需求强度信息的价值增大。

在竞争环境下，当模仿者产品质量较低时，消费者策略购买行为对第一阶段最优价格、创新者最优期望利润和需求强度信息价值产生的影响与基本模型中的情形类似，但是随着模仿者产品质量的提高，消费者策略水平较高时第一阶段最优价格随策略水平的上升而增大的趋势被削弱甚至消除，创新者最优期望利润随消费者策略水平升高而下降的速度加快。这主要是受到创新者因为模仿者产品质量提升而降低垄断阶段价格的影响。

创新者采取获知需求强度真实信息的措施对模仿者产品的价格影响不大，但是对其利润影响较大；当需求强度较低时，创新者采取措施会降低模仿者的利润，反之则对模仿者有利。这是因为当需求强度较低时，创新者采取措施的最优垄断定价低于未采取措施时的最优垄断定价，使得更多消费者在垄断阶段购买，降低了竞争阶段的市场需求，因此令模仿者利润减少；反之则会令模仿者利润增加。

此外，相对于创新者产品，模仿者应该选择中等水平的产品质量。这样既可以使产品对消费者提供一定的吸引力，又不至于使单位生产成本过高，同时还可以与创新者产品保持一定的产品差异，不会引起激烈的价格竞争。

（4）为了研究企业折现未来利润情形下撇脂定价和渗透定价策略的选择，建立了服从两点分布的离散消费者估计价值模型，同时考虑了策略型消费者所占比例的不确定性。通过数值实验，发现：

当企业折现因子足够高时才会采用撇脂定价，否则采用渗透定价。当面临消费者估计价值不确定性时，企业只有在较为看重未来利润的情况下才会采取撇脂定价策略，承担高价带来的产品上市初期销售无法打开局面的风险，否则企业会采取渗透定价策略，保证近期的销售量和利润。

消费者的策略购买行为减少了企业采用撇脂定价策略的机会。具体表现为当消费者耐心程度提高时，区分采用撇脂定价和采用渗透定价的企业折现因子阈值随之升高。这是因为消费者的策略购买行为增大了第一阶段高价格导致低销售量的风险，因此支持企业采用撇脂定价策略的企业高折现因子区域缩小了。

而当企业对撇脂定价决策和渗透定价决策无差异时，需求信息的价值最大。此时企业从采取消除不确定性措施中获得的期望额外利润最大。对于这个现象的理解为：考虑一个最优策略为渗透定价的不确定性情景，此时如果采取消除不确定性的措施，最优策略可能会变为撇脂定价，因此采取措施会使企业获得高于渗透定价利润的期望折现利润。如果在这个基础上 γ 稍微增大，确定性情形的折现利润期望值增大而渗透定价利润不变，所以需求信息价值增大。但是当 γ 增加到足够大时，不确定情形的最优策略会由渗透定价变为撇脂定价，此时期望折现利润高于渗透定价利润，采取措施前后获得折现利润期望值的差距变小，因此需求信息的价值开始下降。

7.2　未来研究展望

本书针对企业面对策略型消费者时的创新产品定价问题进行了深入研究，得到了对管理决策者具有一定参考意义的结论，但仍然存在一些不足。

（1）在考虑模仿者竞争的情形时，本书假设双方产品具有垂直差异，即消费者虽然对同一产品拥有不同的估计价值，但是对两个企业的产品差异持有相同的信念。这主要体现在产品之间的质量差异方面。当两个企业的产品具有水平差异（如品牌效应、功能差异等），即不同消费者对于产品之间的差异有不同的信念时，产品创新者与模仿者的竞争问题值得进一步研究。

（2）在考虑模仿者产品质量的决策时，本书假设创新者决策垄断阶段价格时无法获知需求强度真实值。在需求强度真实值可获知的情形下模仿者应该选择什么水平的产品质量需要进一步研究。

（3）在考察撇脂定价与渗透定价的选择时，结果表明在决策者认为撇脂定价和渗透定价无差异时，需求信息的价值最大。这是在高类型消费者的估计价值和策略型消费者所占比例均服从均匀分布的假设下得到的结论。当这两个随机变量服从其他分布时结论是否依然成立是一个有待于验证的问题。

（4）在考察撇脂定价与渗透定价的选择时，并没有考虑企业的生产能力限制因素。如果考虑该因素，可能会得到一些新的结论。

参 考 文 献

[1] 熊彼特. 经济发展理论——对于利润、资本、信贷、利息和经济周期的考察. 何畏, 易家详, 等译. 北京: 商务印书馆, 1990.

[2] Markham S K, Lee H. Product development and management association's 2012 comparative performance assessment study. Journal of Product Innovation Management, 2013, 30 (3): 408-429.

[3] Hultink E J, Schoormans J P L. How to launch a high-tech product successfully: an analysis of marketing managers' strategy choices. The Journal of High Technology Management Research, 1995, 6 (2): 229-242.

[4] Burkett K, Thompson P, Harwell H. Next generation innovation: decision support across the value chain. AMR Research, 2007.

[5] Accenture. Innovation in consumer products. http: //www.accenture.com/sitecollection documents/pdf/consumerproductsgrouppov_103008_fnl.pdf[2014-09-28].

[6] Lancioni R A. A strategic approach to industrial product pricing: the pricing plan. Industrial Marketing Management, 2005, 34 (2): 177-183.

[7] Talluri K, van Ryzin G. The Theory and Practice of Revenue Management. Dordrecht: Kluwer Publisher, 2005.

[8] Pepall L M, Richards D J. Innovation, imitation, and social welfare. Southern Economic Journal, 1994, 60 (3): 673-684.

[9] Rao V R. Pricing research in marketing: the state of the art. Journal of Business, 1984, 57 (1): 39-60.

[10] Tellis G J. Beyond the many faces of price: an integration of pricing strategies. The Journal of Marketing, 1986, 50 (4): 146-160.

[11] Elmaghraby W, Keskinocak P. Dynamic pricing in the presence of inventory considerations: research overview, current practices, and future directions. Management Science, 2003, 49 (10): 1287-1309.

[12] Bitran G, Caldentey R. An overview of pricing models for revenue management. Manufacturing & Service Operations Management, 2003, 5 (3): 203-229.

[13] Soon W. A review of multi-product pricing models. Applied Mathematics and Computation, 2011, 217 (21): 8149-8165.

[14] Dean J. Pricing pioneering products. The Journal of Industrial Economics, 1969, 17 (3): 165-179.

[15] Bernstein J, Macias D. Engineering new-product success: the new-product pricing process at Emerson. Industrial Marketing Management, 2002, 31 (1): 51-64.

[16] Hinterhuber A. Towards value-based pricing: an integrative framework for decision making.

Industrial Marketing Management，2004，33（8）：765-778.

[17]　吴长顺，彭峻. 高技术产品导入市场初期定价策略研究. 科技管理研究，2005，25（8）：100-103.

[18]　Grunenwald J P，Vernon T T. Pricing decision making for high-technology products and services. Journal of Business & Industrial Marketing，1988，3（1）：61-70.

[19]　Maidique M A，Zirger B J. A study of success and failure in product innovation：the case of the US electronics industry. IEEE Transactions on Engineering Management，1984，31（4）：192-203.

[20]　Choffray J M，Lilien G L. A decision-support system for evaluating sales prospects and launch strategies for new products. Industrial Marketing Management，1986，15（1）：75-85.

[21]　Noble P M，Gruca T S. Industrial pricing：theory and managerial practice. Marketing Science，1999，18（3）：435-454.

[22]　Hultink E J，Hart S，Robben H S J，et al. Launch decisions and new product success：an empirical comparison of consumer and industrial products. Journal of Product Innovation Management，2000，17（1）：5-23.

[23]　Spann M，Fischer M，Tellis G J. Skimming or penetration? Strategic dynamic pricing for new products. http：//www.business.ualberta.ca/Departments/MBEL/MarketingSeminars/～/media/business/Departments/MBEL/Documents/MarketingSeminars/2008-09/StrategicDynamicPricingPaper.ashx[2014-04-21].

[24]　Hanif M. Market skimming pricing：an examination of elements supporting high price for new products in Pakistan. European Journal of Business and Management，2014，6（23）：180-187.

[25]　Ingenbleek P，Debruyne M，Frambach R T，et al. Successful new product pricing practices：a contingency approach. Marketing Letters，2003，14（4）：289-305.

[26]　Lowe B，Alpert F. Pricing strategy and the formation and evolution of reference price perceptions in new product categories. Psychology & Marketing，2010，27（9）：846-873.

[27]　刘昌华. 顾客认知价值在新产品定价策略中的应用. 现代商业，2012，（2）：29-30.

[28]　Ingenbleek P，Frambach R T，Verhallen T M M. Best practices for new product pricing：impact on market performance and price level under different conditions. Journal of Product Innovation Management，2013，30（3）：560-573.

[29]　Chandrasekaran D，Arts J W C，Tellis G J，et al. Pricing in the international take off of new products. International Journal of Research in Marketing，2013，30（3）：249-264.

[30]　Kamien M I，Schwartz N L. Limit pricing and uncertain entry. Econometrica，1971，39（3）：441-454.

[31]　Gaskins Jr D W. Dynamic limit pricing：optimal pricing under threat of entry. Journal of Economic Theory，1971，3（3）：306-322.

[32]　Robinson B，Lakhani C. Dynamic price models for new-product planning. Management Science，1975，21（10）：1113-1122.

[33]　Dolan R J，Jeuland A P. Experience curves and dynamic demand models：implications for optimal pricing strategies. The Journal of Marketing，1981，55（4）：52-62.

[34]　Clarke F H，Darrough M N，Heineke J M. Optimal pricing policy in the presence of experience

effects. Journal of Business, 1982, 55（4）: 517-530.

[35] Kalish S. Monopolist pricing with dynamic demand and production cost. Marketing Science, 1983, 2（2）: 135-159.

[36] Thompson G L, Teng J T. Optimal pricing and advertising policies for new product oligopoly models. Marketing Science, 1984, 3（2）: 148-168.

[37] Kalish S. A new product adoption model with price, advertising, and uncertainty. Management Science, 1985, 31（12）: 1569-1585.

[38] Rao R C, Bass F M. Competition, strategy, and price dynamics: a theoretical and empirical investigation. Journal of Marketing Research, 1985, 22（3）: 283-296.

[39] Eliashberg J, Jeuland A P. The impact of competitive entry in a developing market upon dynamic pricing strategies. Marketing Science, 1986, 5（1）: 20-36.

[40] Dockner E, Jørgensen S. Optimal pricing strategies for new products in dynamic oligopolies. Marketing Science, 1988, 7（4）: 315-334.

[41] Dockner E J, Gaunersdorfer A. Strategic new product pricing when demand obeys saturation effects. European Journal of Operational Research, 1996, 90（3）: 589-598.

[42] Bayus B L. The dynamic pricing of next generation consumer durables. Marketing Science, 1992, 11（3）: 251-265.

[43] Teng J T, Thompson G L. Optimal strategies for general price-quality decision models of new products with learning production costs. European Journal of Operational Research, 1996, 93（3）: 476-489.

[44] Mesak H I, Clark J W. Monopolist optimum pricing and advertising policies for diffusion models of new product innovations. Optimal Control Applications and Methods, 1998, 19（2）: 111-136.

[45] Krishnan T V, Bass F M, Jain D C. Optimal pricing strategy for new products. Management Science, 1999, 45（12）: 1650-1663.

[46] Dockner E J, Fruchter G E. Dynamic strategic pricing and speed of diffusion. Journal of Optimization Theory and Applications, 2004, 123（2）: 331-348.

[47] Sethi S P, Prasad A, He X. Optimal advertising and pricing in a new-product adoption model. Journal of Optimization Theory and Applications, 2008, 139（2）: 351-360.

[48] Helmes K, Schlosser R, Weber M. Optimal advertising and pricing in a class of general new-product adoption models. European Journal of Operational Research, 2013, 229（2）: 433-443.

[49] Arslan H, Kachani S, Shmatov K. Optimal product introduction and life cycle pricing policies for multiple product generations under competition. Journal of Revenue & Pricing Management, 2009, 8（5）: 438-451.

[50] Gutierrez G J, He X. Life-cycle channel coordination issues in launching an innovative durable product. Production and Operations Management, 2011, 20（2）: 268-279.

[51] Jha P C, Manik P, Chaudhary K, et al. Optimal pricing and promotional effort control policies for a new product growth in segmented market. Yugoslav Journal of Operations Research, 2013, 24（2）: 1-19.

[52] 曾勇，唐小我. 购买行为分析与新产品最优广告和价格策略. 控制与决策，1994，9（2）：136-140.

[53] 盛亚. 新产品扩散的最优价格战略. 数量经济技术经济研究，1999，11：27-29.

[54] 盛亚. 新产品市场扩散博弈论. 科技进步与对策，2002，19（9）：77-78.

[55] 胡知能. 创新产品市场扩散模型及其应用. 成都：四川大学，2005.

[56] 全雄文，涂奉生，魏杰. 新产品销售定价的制造商与销售商斯坦克尔伯格博弈. 系统工程理论与实践，2007，27（8）：111-117.

[57] 熊中楷，聂佳佳，李根道. 考虑广告影响下的新产品垄断动态定价研究. 管理学报，2008，5（6）：849-855.

[58] 聂佳佳，熊中楷. 基于动态最优控制的新产品定价和广告联合决策模型. 营销科学学报，2008，4（3）：41-51.

[59] Bass F M, Bultez A V. A note on optimal strategic pricing of technological innovations. Marketing Science, 1982, 1（4）：371-378.

[60] Faulhaber G R, Boyd J. Optimal new-product pricing in regulated industries. Journal of Regulatory Economics, 1989, 1（4）：341-358.

[61] Klastorin T, Tsai W. New product introduction: timing, design, and pricing. Manufacturing & Service Operations Management, 2004, 6（4）：302-320.

[62] Thille H, Cojocaru M, Thommes E W, et al. A dynamic pricing game in a model of new product adoption with social influence. 2013 International Conference on Social Computing（SocialCom）. Alexandria, 2013.

[63] Zhao H, Jagpal S. The effect of secondhand markets on the firm's dynamic pricing and new product introduction strategies. International Journal of Research in Marketing, 2006, 23（3）：295-307.

[64] Khouja M, Smith M A. Optimal pricing for information goods with piracy and saturation effect. European Journal of Operational Research, 2007, 176（1）：482-497.

[65] Jørgensen S, Liddo A. Design imitation in the fashion industry//Jørgensen S, Quincampoix M, Vincent TL. Advances in Dynamic Game Theory-Numerical Methods, Algorithms and Applications to Ecology and Economics. Boston: Birkhäuser, 2007：569-586.

[66] Liu H. Dynamics of pricing in the video game console market: skimming or penetration? Journal of Marketing Research, 2010, 47（3）：428-443.

[67] Chen J M, Chang C I. Dynamic pricing for new and remanufactured products in a closed-loop supply chain. International Journal of Production Economics, 2013, 146（1）：153-160.

[68] Lariviere M A, Padmanabhan V. Slotting allowances and new product introductions. Marketing Science, 1997, 16（2）：112-128.

[69] Creane A. Uncertain product quality, optimal pricing and product development. Annals of Operations Research, 2002, 114（1-4）：83-103.

[70] 张朝孝，蒲勇健. 新产品定价博弈模型的探讨. 商业经济与管理，2002，124（2）：24-28.

[71] Rhim H, Cooper L G. Assessing potential threats to incumbent brands: new product positioning under price competition in a multisegmented market. International Journal of Research in Marketing, 2005, 22（2）：159-182.

[72] 熊中楷，彭志强. 一类基于报童模型的新产品推广研究. 中国管理科学，2007，（z1）：386-391.

[73] 苏萌，吴川. 新产品预先发布的时间选择与定价决策. 营销科学学报，2009，（2）：22-30.

[74] 王宏仁，陆媛媛. 不确定环境下新产品定价与零售商最优订货批量研究. 佳木斯大学学报（自然科学版），2010，28（6）：930-931.

[75] 熊中楷，刘勇，王凯. 零售商新产品与再制造产品销售策略. 工业工程，2011，14（4）：17-22.

[76] Wu C H. Price and service competition between new and remanufactured products in a two-echelon supply chain. International Journal of Production Economics，2012，140（1）：496-507.

[77] Chiu Y C，Chen B，Shyu J Z，et al. An evaluation model of new product launch strategy. Technovation，2006，26（11）：1244-1252.

[78] 谭满益. 不确定条件下新产品开发管理过程中的若干问题研究. 成都：电子科技大学，2006.

[79] Haji A，Assadi M. Fuzzy expert systems and challenge of new product pricing. Computers & Industrial Engineering，2009，56（2）：616-630.

[80] Liao C N. Fuzzy analytical hierarchy process and multi-segment goal programming applied to new product segmented under price strategy. Computers & Industrial Engineering，2011，61（3）：831-841.

[81] 郑辉. 新产品价格测试模型. 市场研究，2006，（8）：45-48.

[82] Park J H，MacLachlan D L，Love E. New product pricing strategy under customer asymmetric anchoring. International Journal of Research in Marketing，2011，28（4）：309-318.

[83] Terzi M C，Sakas D P，Seimenis I. Pricing strategy dynamic simulation modelling within the high-tech sector. Key Engineering Materials，2012，495：167-170.

[84] 刘晓松，唐款余. 高科技产业新产品定价策略研究——基于系统动力学. 技术经济与管理研究，2013（12）：36-40.

[85] Coase R H. Durability and monopoly. Journal of Law and Economics，1972，15（1）：143-149.

[86] Shen Z J M，Su X. Customer behavior modeling in revenue management and auctions：a review and new research opportunities. Production and operations management，2007，16（6）：713-728.

[87] Gönsch J，Klein R，Neugebauer M，et al. Dynamic pricing with strategic customers. Journal of Business Economics，2013，83（5）：505-549.

[88] Wilson J G，Anderson C K，Kim S W. Optimal booking limits in the presence of strategic consumer behavior. International Transactions in Operational Research，2006，13（2）：99-110.

[89] Liu Q，van Ryzin G J. Strategic capacity rationing to induce early purchases. Management Science，2008，54（6）：1115-1131.

[90] Liu Q，van Ryzin G. Strategic capacity rationing when customers learn. Manufacturing & Service Operations Management，2011，13（1）：89-107.

[91] Osadchiy N，Vulcano G. Selling with binding reservations in the presence of strategic consumers. Management Science，2010，56（12）：2173-2190.

[92] Swinney R. Selling to strategic consumers when product value is uncertain: the value of matching supply and demand. Management Science, 2011, 57 (10): 1737-1751.

[93] Ovchinnikov A, Milner J. Revenue management with end-of-period discounts in the presence of customer learning. Production and Operations Management, 2012, 21 (1): 69-84.

[94] Huang T, van Mieghem J A. The promise of strategic customer behavior: on the value of click tracking. Production and Operations Management, 2013, 22 (3): 489-502.

[95] 黎维斯, 任建标. 基于异质策略消费者的订货与质量决策. 西南民族大学学报 (自然科学版), 2012, 38 (1): 113-118.

[96] Anderson C K, Wilson J G. Wait or buy? The strategic consumer: pricing and profit implications. Journal of the Operational Research Society, 2003, 54 (3): 299-306.

[97] Elmaghraby W, Gülcü A, Keskinocak P. Designing optimal preannounced markdowns in the presence of rational customers with multiunit demands. Manufacturing & Service Operations Management, 2008, 10 (1): 126-148.

[98] Su X. Intertemporal pricing with strategic customer behavior. Management Science, 2007, 53 (5): 726-741.

[99] Aviv Y, Pazgal A. Optimal pricing of seasonal products in the presence of forward-looking consumers. Manufacturing & Service Operations Management, 2008, 10 (3): 339-359.

[100] Dasu S, Tong C. Dynamic pricing when consumers are strategic: analysis of posted and contingent pricing schemes. European Journal of Operational Research, 2010, 204 (3): 662-671.

[101] Cho M, Fan M, Zhou Y. Strategic consumer response to dynamic pricing of perishable products//Tang C S, Netessine S. Consumer-Driven Demand and Operations Management Models: A Systematic Study of Information-Technology-Enabled Sales Mechanisms. New York: Springer, 2009: 435-458.

[102] Levin Y, McGill J, Nediak M. Optimal dynamic pricing of perishable items by a monopolist facing strategic consumers. Production and Operations Management, 2010, 19 (1): 40-60.

[103] Su X. Optimal pricing with speculators and strategic consumers. Management Science, 2010, 56 (1): 25-40.

[104] Mersereau A J, Zhang D. Markdown pricing with unknown fraction of strategic customers. Manufacturing & Service Operations Management, 2012, 14 (3): 355-370.

[105] Besanko D, Winston W L. Optimal price skimming by a monopolist facing rational consumers. Management Science, 1990, 36 (5): 555-567.

[106] Dhebar A. Durable-goods monopolists, rational consumers, and improving products. Marketing Science, 1994, 13 (1): 100-120.

[107] Nair H. Intertemporal price discrimination with forward-looking consumers: application to the US market for console video-games. Quantitative Marketing and Economics, 2007, 5 (3): 239-292.

[108] Chen Y, Zhang Z J. Dynamic targeted pricing with strategic consumers. International Journal of Industrial Organization, 2009, 27 (1): 43-50.

[109] Krishnan V, Ramachandran K. Integrated product architecture and pricing for managing

sequential innovation. Management Science，2011，57（11）：2040-2053.

[110] Parlaktürk A K. The value of product variety when selling to strategic consumers. Manufacturing & Service Operations Management，2012，14（3）：371-385.

[111] Jerath K，Netessine S，Veeraraghavan S K. Revenue management with strategic customers：last-minute selling and opaque selling. Management Science，2010，56（3）：430-448.

[112] Levin Y，McGill J，Nediak M. Dynamic pricing in the presence of strategic consumers and oligopolistic competition. Management Science，2009，55（1）：32-46.

[113] Liu Q，Zhang D. Dynamic pricing competition with strategic customers under vertical product differentiation. Management Science，2013，59（1）：84-101.

[114] Su X，Zhang F. Strategic customer behavior，commitment，and supply chain performance. Management Science，2008，54（10）：1759-1773.

[115] Zhang D，Cooper W L. Managing clearance sales in the presence of strategic customers. Production and Operations Management，2008，17（4）：416-431.

[116] Yin R，Aviv Y，Pazgal A，et al. Optimal markdown pricing：implications of inventory display formats in the presence of strategic customers. Management Science，2009，55（8）：1391-1408.

[117] Cachon G P，Swinney R. Purchasing，pricing，and quick response in the presence of strategic consumers. Management Science，2009，55（3）：497-511.

[118] Cachon G P，Swinney R. The value of fast fashion：quick response，enhanced design，and strategic consumer behavior. Management Science，2011，57（4）：778-795.

[119] Su X，Zhang F. On the value of commitment and availability guarantees when selling to strategic consumers. Management Science，2009，55（5）：713-726.

[120] Lai G，Debo L G，Sycara K. Buy now and match later：Impact of posterior price matching on profit with strategic consumers. Manufacturing & Service Operations Management，2010，12（1）：33-55.

[121] Li C，Zhang F. Advance demand information，price discrimination，and preorder strategies. Manufacturing & Service Operations Management，2013，15（1）：57-71.

[122] Wang T，Hu Q. Risk-averse newsvendor model with strategic consumer behavior. Journal of Applied Mathematics，2013，Special Issue（2013），1-12.

[123] 李娟，黄培清，顾锋. 基于顾客战略行为下的供应链系统的绩效研究. 中国管理科学，2007，15（4）：77-82.

[124] 刘晓峰，黄沛. 基于策略型消费者的最优动态定价与库存决策. 管理科学学报，2009，12（5）：18-26.

[125] 彭志强，熊中楷，李根道. 考虑顾客策略行为的易逝品定价与再制造柔性补货机制研究. 中国管理科学，2010，18（2）：32-41.

[126] 申成霖，张新鑫，卿志琼. 服务水平约束下基于顾客策略性退货的供应链契约协调研究. 中国管理科学，2010，18（4）：56-64.

[127] 齐二石，杨道箭，刘亮. 基于顾客战略行为的供应链两部定价契约. 计算机集成制造系统，2010，16（4）：828-833.

[128] 杨道箭，齐二石，姜宏. 基于顾客策略行为的供货水平与供应链绩效. 计算机集成制造系统，2010，16（9）：1984-1991.

[129] 黄松，杨超，张曦. 考虑客户战略行为时报童模型定价与库存控制. 运筹与管理，2010，19（3）：15-22.

[130] 黄松，杨超，张曦. 考虑战略顾客行为时的两阶段报童模型. 系统管理学报，2011，20（1）：63-70.

[131] 计国君，杨光勇. 战略顾客下最惠顾客保证对提前购买的价值. 2010，13（7）：16-25.

[132] Du P，Chen Q，Xu L. Heuristic algorithm on dynamic pricing for innovative product with capacity constraint and strategic customers. Working Paper，2015.

[133] Du P，Chen Q，Zhao H. Pricing competition between innovator and imitator facing strategic customers. 25th Chinese Control and Decision Conference，Guiyang，China，2013.

[134] Du P，Xu L，Chen Q，et al. Pricing competition on innovative product between innovator and entrant imitator facing strategic customers. International Journal of Production Research，2015.

[135] Harston S P，Mattson C A. Metrics for evaluating and optimizing the barrier and time to reverse engineer a product. ASME 2009 International Design Engineering Technical Conferences and Computers and Information in Engineering Conference.，2009：1207-1220.

[136] Curtis S K，Harston S P，Mattson C A. The fundamentals of barriers to reverse engineering and their implementation into mechanical components. Research in Engineering Design，2011，22（4）：245-261.

[137] Du P，Chen Q. Skimming or penetration：optimal pricing of new fashion products in the presence of strategic consumers. Annals of Operations Research，2014.